Hermann Weinhauer

LANDSER IM WELTKRIEG 10

Operation „Husky" – Fallschirmjäger der Division
„Hermann Göring" auf Sizilien

EK-2 Militär

Über die Reihe

Landser im Weltkrieg

Jeder Band dieser Romanreihe erzählt eine fiktionale Geschichte, die vor dem Hintergrund realer Ereignisse und Schlachten im Zweiten Weltkrieg spielt. Im Zentrum der Geschichte steht das Schicksal deutscher Soldaten.

Wir lehnen Krieg und Gewalt ab. Kriege im Allgemeinen und der Zweite Weltkrieg im Besonderen haben unsägliches Leid über Millionen von Menschen gebracht.

Deutsche Soldaten beteiligten sich im Zweiten Weltkrieg an fürchterlichen Verbrechen. Deutsche Soldaten waren aber auch Opfer und Leittragende dieses Konfliktes. Längst nicht jeder ist als glühender Nationalsozialist und Anhänger des Hitler-Regimes in den Kampf gezogen – im Gegenteil hätten Millionen von Deutschen gerne auf die Entbehrungen, den Hunger, die Angst und die seelischen und körperlichen Wunden verzichtet. Sie wünschten sich ein »normales« Leben, einen zivilen Beruf, eine Familie, statt an den Kriegsfronten ums Überleben kämpfen zu müssen. Die Grenzerfahrung des Krieges war für die Erlebnisgeneration epochal und letztlich zog die Mehrheit ihre Motivation aus dem Glauben, durch ihren Einsatz Freunde, Familie und Heimat zu schützen.

Prof. Dr. Sönke Neitzel bescheinigt den deutschen Streitkräften in seinem Buch »Deutsche Krieger« einen bemerkenswerten Zusammenhalt, der bis zum Untergang 1945 weitgehend aufrechterhalten werden konnte. Anhänger des Regimes als auch politisch Indifferente und Gegner der NS-Politik wurden im Kampf zu Schicksalsgemeinschaften zusammengeschweißt.

Genau diese Schicksalsgemeinschaften nimmt »Landser im Weltkrieg« in den Blick.

Bei den Romanen aus dieser Reihe handelt es sich um gut recherchierte Werke der Unterhaltungsliteratur, mit denen wir uns der Lebenswirklichkeit des Landsers an der Front annähern. Auf diese Weise gelingt es uns hoffentlich, die Weltkriegsgeneration besser zu verstehen und aus ihren Fehlern, aber auch aus ihrer Erfahrung zu lernen.

Nun wünschen wir Ihnen viel Lesevergnügen mit dem vorliegenden Werk.

Ihre Zufriedenheit ist unser Ziel!

Liebe Leser, liebe Leserinnen,

zunächst möchten wir uns herzlich bei Ihnen dafür bedanken, dass Sie dieses Buch erworben haben. Wir sind ein kleines Familienunternehmen aus Duisburg und freuen uns riesig über jeden einzelnen Verkauf!

Unser wichtigstes Anliegen ist es, Ihnen ein angenehmes Leseerlebnis zu bieten.

Damit uns dies gelingt, sind wir sehr an Ihrer Meinung interessiert. Haben Sie Anregungen für uns? Verbesserungsvorschläge? Kritik?

Schreiben Sie uns gerne: info@ek2-publishing.com

Nun wünschen wir Ihnen ein angenehmes Leseerlebnis!

Heiko und Jill von EK-2 Militär

Operation „Husky"

Oberjäger Jacob Mallmann kann seinen Augen nicht trauen und doch ist es so – er träumt nicht.

Angestrengt schirmt er seine Augen gegen die blendende Sonne ab.

„Kein Zweifel – da kommen wirklich Flugzeuge."

Er versucht die Flugzeuge zu zählen, gibt es jedoch bald schon auf, da es mehr und mehr werden.

Plötzlich durchzuckt es ihn wie ein Blitz.

„Das ist der Feind! Das sind feindliche Flugzeuge, die hier auf Sizilien landen wollen!"

Schlagartig dreht er sich um und hastet nach hinten Richtung eines kleinen Dorfes.

So laut er kann, brüllt er: „Alarm – der Tommy kommt!"

Die Landser im Dorf bleiben wie versteinert stehen und schauen den brüllenden Oberjäger an.

Doch dann rennen sie in ihre Quartiere und schnappen sich ihre Waffen und Ausrüstung.

Hauptmann Busch lässt seine Kompanie an der kleinen sizilianischen Kirche antreten. Emotionslos und präzise gibt er seine Befehle.

Den ersten Zug unter Leutnant Viktor Repert lässt er am Dorfausgang in Stellung gehen.

Der zwote Zug geführt von Oberfeldwebel Armin Spiecker soll die Stellung in einem Olivenhain, der rechts vom Dorf liegt, beziehen.

Den dritten Zug unter Feldwebel Otto Heiß schickt er zum Bachgrund, der links des Dorfes entlang läuft.

Den vierten Zug behält der Kompaniechef bei sich im Dorf, um damit im Ernstfall die anderen drei Züge mit den schweren Waffen unterstützen zu können.

Die feindlichen Maschinen fliegen unbekümmert in mittlerer Höhe am Dorf vorbei.

Mallmann deutet zum Himmel und meint beunruhigt: „Herr Hauptmann, einige der Flugzeuge schleppen Lastensegler hinter sich her!"

„Verdammt nochmal – das bedeutet Fallschirmjäger!"

Hauptmann Busch eilt zum Feldfernsprecher.

Hastig dreht er an der Kurbel.

Das Bataillon in Acireale meldet sich innerhalb kürzester Zeit.

Es ist zum Glück gleich der Major am Hörer.

„Was ist denn los, Busch – wo brennt's denn?"

„Herr Major, alliierte Luftverbände greifen Sizilien an! Sie führen Lastensegler im Schlepp!"

„Wo?", fragt Major Ludwig überrascht.

„Sie haben Kurs südlich Catania!"

Kurze Stille herrscht in der Leitung.

„Gut, Busch, melden Sie das unverzüglich der Division. Bleiben Sie dran, ich verbinde!"

Hauptmann Ottfried Busch kommt es wie eine Ewigkeit vor, bis sich der Ia der Division meldet.

Seine Unruhe nur mühsam unterdrückend, meldet der Hauptmann, was er vor wenigen Minuten mit eigenen Augen beobachtet hatte.

„Das ist doch beinahe unglaublich."

„Und doch habe ich es eben gesehen, Herr Oberstleutnant!"

Ein tiefes Durchatmen ist am anderen Ende der Leitung zu hören.

„Gut, wo haben Ihre Männer Stellung bezogen?"

„Ich sicher mit meiner Kompanie das Dorf, in dem wir untergezogen sind!"

Busch hört leises Stimmengewirr. Anscheinend beraten sich die hohen Herren gerade.

„In Ordnung, wenn Sie angegriffen werden, dann verteidigen Sie Ihre bisher innegehabte Stellung. Sie hören wieder von mir – Ende!"

Der Kompaniechef legt den Hörer wieder zurück auf die Gabel des Kastens und ordnet das sofortige Beladen sämtlicher Gefechts- und Trossfahrzeuge an. Dann läuft er wieder hinaus, rechtzeitig genug, um noch die zweite Bomber- und Lastenseglerwelle zu sehen.

Sie drehen südlich von Catania ab.

Schnell eilt er zum vierten Zug.

Wenige Minuten später ist er dort angekommen.

Der Zugführer steht nun zusammen mit dem Hauptmann neben einem kleinen, weiß gestrichenen Häuschen und beide Offiziere beobachten mit ihren Ferngläsern das weitere Vorfeld.

„Wer steht den dort unten an der Küste, Herr Hauptmann?", fragt der junge Zugführer Leutnant von Rosenau seinen Kompaniechef.

„Eine italienische Küstenschutzdivision!"

Der junge Offizier pfeift durch die Zähne.

„Das wird dort eine tolle Schweinerei geben, Herr Hauptmann!"

„Sie haben Recht, von Rosenau."

Busch schaut den jungen Leutnant prüfend an. Er kann den jungen, aufgeweckten Adligen sehr gut leiden und freut sich an dessen offenem und ehrlichem Wesen. Von Rosenau hält mit seiner Meinung nie hinter dem Berg und Busch hört sich die selbige gern an.

Vielleicht hat er ihm gerade deswegen den vierten Zug gegeben – damit er den jungen Offizier immer in seiner Nähe weiß.

„Herr von Rosenau, wie es aussieht, werden wir uns auf einiges gefasst machen müssen. Wird wohl nichts mit Erholung auf Sizilien.“

Sie strecken ihre Köpfe vor und lauschen in die Ferne.

Der Westwind trägt deutlich hörbar Geschützdonner herüber, ganz schwach nur, aber immerhin ist er hörbar.

Doch dann grollt es dumpf und mächtig zu ihnen hinüber.

Tausende von Bomben fallen im Süden vom Himmel und zerreißen alles, was von ihnen getroffen wird.

„Die armen Kerle, die dieses Bombardement über sich ergehen lassen müssen“, meint der Hauptmann.

Oberjäger Mallmann stellt sich nun hinter seinen Chef.

„Haben Sie noch etwas für mich, Herr Hauptmann?“

„Nein, Mallmann, im Augenblick nicht. Halten Sie die Männer zusammen und gehen Sie dann mit ihnen in Deckung. Ich habe noch keine genauen Befehle erhalten. Wir müssen abwarten!“

„Jawohl, Herr Hauptmann!“

Mallmann verschwindet mit den Landsern des Kompanietrupps in die Schule des Dorfes, die dicht neben der Kirche steht.

Nun schickt auch Leutnant von Rosenau seine Männer bis auf eine Gruppe in die Schule.

„Bleibt zusammen und lauft nicht weg. Wer weiß, was uns die nächsten Stunden noch bringen!“

„Jawohl, Herr Leutnant“, meint der Zugtruppführer, ein älterer Obergefreiter und tritt ab.

Hauptmann Busch teilt anschließend den Zugführern mit, dass die Stellungen im Halbkreis um das Dorf mit jeweils einem Halbzug zu besetzen seien.

Die andere Hälfte der Züge könne wieder jeweils ein Haus in der Nähe ihrer Stellung beziehen.

„Alarmbereitschaft", fügt er noch hinzu.

Die Melder verschwinden und die Hälfte der Fallschirmjägerkompanie zieht sich in die Häuser zurück, während die Männer, die in den Stellungen verbleiben, die Deckungen weiter ausbauen.

Maschinengewehrnester entstehen und Granatwerferstellungen werden ausgehoben.

Gegen Abend kommt noch eine Panzerkompanie mit schweren Tiger-Panzern angerollt.

Busch atmet insgeheim auf. Er fühlt sich nun bedeutend sicherer.

Am Ortsausgang gehen zwei der Tiger in Stellung. Die Besatzungen booten aus und tarnen ihre schweren Fahrzeuge so gut es geht.

Zwei weitere schieben sich unter die Olivenbäume am Schulgebäude.

Drei andere Panzer VI bleiben in den Gärten links der Straße stehen.

Der Chef der Panzer, ein junger Oberleutnant, schlägt sein Quartier im Bürgermeisterhaus bei Hauptmann Busch auf.

Der Panzeroffizier weiß bereits einiges zu berichten.

„Wir bilden hier die zweite Verteidigungslinie. Vor uns liegen Italiener und unsere Pioniere. Südlich von Catania, an der Brücke über den Simeto, ist es schon zu schweren Gefechten gekommen. Die Italiener flüchten ins Landesinnere, jedoch nicht bevor sie ihre Waffen weggeworfen haben!"

Der Hauptmann schlägt mit seiner Faust auf den kleinen Tisch, so dass die Petroleumlampe ein Stück hochspringt und die Flamme stark flackert.

„Verdammt, genau das habe ich erwartet!"

In diesem Augenblick bringt ihnen ein Junge von vielleicht 15 Jahren etwas zu essen.

Es ist der Sohn des Bürgermeisters.

Die drei Offiziere am Tisch essen gemeinsam das gebrachte Brot und den frischen Käse.

Kaum sind sie damit fertig, da erhebt sich Busch und meint brummig: „Ich schau mal nach meinen Männern."

Die beiden anderen Offiziere schließen sich dem Kompaniechef an.

Sie haben gerade das Haus verlassen, da kommt ihnen Major Ludwig entgegen.

Sein Gesicht ist verschwitzt, er nimmt gerade seine Schirmmütze ab und wischt sich den Schweiß mit einem schmutzigen Taschentuch ab.

„Seien Sie gegrüßt, meine Herren", beginnt er das Gespräch.

Die drei Offiziere grüßen locker und sind gespannt, was den Major wohl hierher verschlagen hat.

„Ich bringe die neuesten Nachrichten für Sie mit. Eisenhower hat die 1. Britische Luftlandebrigade und zusätzlich circa 2.700 Fallschirmjäger der 82. Amerikanischen Fallschirmjägerdivision nach Sizilien geschickt. Unser Glück war jedoch, dass ein Großteil der Lastensegler zu früh ausgeklinkt wurde und viele von ihnen mitsamt der Fallschirmjäger und des Geräts ins Meer gestürzt sind.

Wäre das nicht passiert, dann stünde der Feind nun mit Sicherheit bereits hier."

„Was ist mit den Italienern? Die haben doch einiges

an Truppenstärke auf der Insel!", wendet Hauptmann Busch ein.

Sein Bataillonskommandeur schaut ihn verlegen an: „Auf die zehn italienischen Divisionen können wir uns nicht verlassen. Ohnehin sind die nur bedingt für den Bewegungskrieg geeignet. Nur eine von ihnen ist überhaupt motorisiert. Damit aber noch nicht genug. Nach unseren Informationen ist ein beachtlicher Teil der italienischen Division, die direkt im Landekopf lag, zu den Alliierten übergelaufen oder flutet in das Innere der Insel!"

Hauptmann Busch spukt verächtlich aus, Leutnant von Rosenau wischt sich mit der Rechten über sein verstaubtes Gesicht. Nur der Panzeroberleutnant namens Röming ist von diesen Nachrichten relativ unbeeindruckt, da er einige Informationen ja bereits kannte.

„Sie sehen also, meine Herren, die Hauptlast des Kampfes wird also bei uns, der Division *Hermann Göring* liegen. Sehen Sie den Namen als Verpflichtung. Uns zur Seite steht noch die bewährte 15. Panzergrenadier. Wir haben hier zwar nur zwei Bataillone Infanterie, aber dafür eine zufriedenstellende Anzahl an schweren Waffen, vor allem an Tiger-Panzern. Eine Kompanie ist bereits hier, eine zweite kann ich Ihnen morgen zur Verfügung stellen."

Nun schaut er den Hauptmann direkt an: „Auf meinen Vorschlag hin, wurden Sie, Hauptmann Busch zum Führer dieser starken Kampfgruppe ernannt. Sie werden hier im Küstengebiet selbstständig operieren können. Darüber hinaus sollen Sie alle eigenen zurückgehenden Truppenteile aufhalten und in Ihrer Kampfgruppe eingliedern. Sehen Sie sich dazu in der Lage?"

„Selbstverständlich, Herr Major!“

„Gut, handeln Sie in jedem Fall nach eigenem Ermessen. Ich weiß nicht, wie ich hier die Lage beurteilen soll, denn ich werde 50 Kilometer entfernt sitzen. Mit meiner unmittelbaren Unterstützung ist also vorerst nicht zu rechnen – es sei denn, wir werden wieder enger zusammengezogen. Das wird aber wohl nur der Fall sein, wenn weitere deutsche Divisionen hier auf Sizilien eingesetzt werden können.“

Der Major wischt sich erneut den Schweiß von der Stirn und gibt danach jedem der Offiziere die Hand.

„Machen Sie Ihre Sache gut, meine Herren – und Busch, viel Soldatenglück!“

Der Hauptmann nickt: „Ich danke Ihnen, Herr Major.“

Kaum ist der Bataillonskommandeur verschwunden, da blitzt es von der Seeseite her auf. Ein Donnerschlag folgt unmittelbar. Er lässt die Luft förmlich erzittern.

Ruckartig reißen die drei Männer ihre Köpfe herum und lauschen auf das Donnern und Dröhnen.

„Schiffsartillerie – schwerstes Kaliber!“, meint Busch trocken.

„Oh, Mann, eine verdammte Schweinerei“, murmelt der Panzermann.

Busch setzt seine Fliegerschirmmütze auf und geht auf die schmale, staubige Dorfstraße zu seinen Fallschirmjägern. Alle schauen sie stumm nach Süden. Dort scheint der Nachthimmel förmlich zu brennen.

Die Abschüsse der schweren Schiffsgeschütze sind mittlerweile nicht mehr von den berstenden Einschlägen zu unterscheiden.

Ein urzeitliches Rumoren und Grollen ist zu vernehmen, als ob es ankündigen will, dass die Welt untergeht.

Die Landser auf der Straße und in den Feldstellungen wissen, dass dies ein kleiner Vorgeschmack für sie ist. Die Zeit, in der sie selbst dran sind, ist absehbar.

Es ist eine beeindruckende, aber auch furchterregende Präzision, mit der die britische Mittelmeerflotte die Feldbefestigungen und Küstenstellungen an der sizilianischen Küste zerstampfen und das Gebiet schier umpflügen.

Doch es werden nicht nur Stellungen getroffen. Ebenso versinken Dörfer und Hafenstädte in Schutt und Asche. Kostbare Kulturgüter werden für immer vernichtet.

Auf der Dorfstraße herrscht eine bedrückende Stimmung. Keiner der Fallschirmjäger sagt auch nur ein Wort. Sie alle sind von diesem Schauspiel der Vernichtung gefesselt.

Wie lange werden die Kameraden in den vordersten Stellungen dieses Inferno wohl durchstehen.

Der Kompaniechef wendet sich ab.

„Mallmann, haben Sie in dieser Nacht schon ablösen lassen?", erkundigt er sich beim Oberjäger.

„Jawohl, Herr Hauptmann!"

„Sehr gut. Schieben Sie tagsüber eine Feldwache nach Süden bis zur Straßenkreuzung vor. Aber bei etwaiger Feindberührung soll sich sofort zurückgezogen werden. Es genügt, wenn jede Gruppe während des Tages zwo Mann als Posten in den Stellungen belässt. Die Männer sollen nicht unnötig beansprucht werden – das kommt schon noch früh genug."

„Herr Hauptmann, Herr Hauptmann!"

Ein Melder kommt aufgeregt rufend auf die kleine Gruppe zugelaufen.

„Was ist los?"

Ohne viel Federlesen beginnt der Melder zu berichten.

„Die Feldwache ist zurückgekommen, die Amerikaner rücken an, Herr Hauptmann!"

Busch wendet sich an den noch immer neben ihm stehenden Oberjäger.

„Alarmieren Sie sofort die Kompanie!"

Der jungen Oberleutnant Röming eilt sofort zu seinen Männern, um diese ebenfalls zu unterrichten.

Nach kürzester Zeit ist alles auf den Beinen und 16 Tiger sowie insgesamt circa 300 Soldaten erwarten den herankommenden Feind.

Patronengurte mit 7,92 mm Geschossen werden in die Verschlüsse der Maschinengewehre eingeführt, 7,5 cm Granaten wandern in die Kammern der Panzerabwehrgeschütze, Sicherungsflügel von Maschinenpistolen und Karabinern klicken.

Die kurze Atempause, die der Moloch namens Krieg den Fallschirmjägern der *Hermann Göring* Division gestattet hatte, ist nun endgültig zu Ende.

Die deutschen Landser liegen in ihren Stellungen und sind bereit, den Feind gebührend zu empfangen. Doch vorerst kommen von Süden müde, abgekämpfte Italiener an. Viele von ihnen sind ohne Waffen und Ausrüstung. Ein erbärmlicher Anblick. Dazwischen schreiten einzelne Fallschirmjäger mit den weißen Kragenspiegeln der Division. Manche von ihnen haben teils schon durchgeblutete Verbände, aber alle haben ihre Waffen.

Alle Soldaten, die noch kampffähig sind, werden von Hauptmann Busch aufgefangen und sofort wieder eingesetzt.

Eine bedrückende Unruhe macht sich in Dorf und Stellungen breit. Man kann die Anspannung beinahe greifen.

Der Hauptmann überlegt angestrengt. Lange hat er mit der Situation gehadert. Doch nun ist sie unausweichlich.

Busch schreitet raschen Schrittes zum Haus des Bürgermeisters.

Dessen Sohn ist noch im Wohnbereich. Er nimmt ihn kurzerhand als Dolmetscher mit.

„Jorge, sag deinem Vater, dass er sofort die Evakuierung des Dorfes veranlassen soll. Sag ihm, die Amerikaner kommen.“

Konzentriert hat der Junge zugehört, doch sind seine Augen immer größer geworden und er wurde bei jedem Wort unruhiger.

Nun übersetzt er das Gesagte seinem Vater. Dieser schüttelt jedoch nur den Kopf. Dann sagt er etwas auf Italienisch.

„Was meint er?“, fragt Busch.

„Er meint, die Leute werden ihre Häuser und ihr Dorf nicht freiwillig verlassen. Sie vertrauen auf Gott, dass alles gut wird.“

Der Kompaniechef atmet tief durch. Dann nickt er.

„Schön, aber ich möchte ihn darauf aufmerksam machen, dass der Feind nicht darauf achten wird, ob hier noch Zivilisten sind oder nicht.“

„Schon was zu sehen, Röming?“, fragt Busch den jungen Panzeroffizier.

Der schaut mit einem großen Fernglas aus der Kommandantenkuppel seines Tigers hinaus und beobachtet angestrengt das Vorfeld.

Ohne sein Zeiss-Glas abzusetzen und den Blick abzuwenden, meint er: „Jawoll, Herr Hauptmann. Der

Feind beginnt gerade den Olivenhain zu durchstreifen."

„Können Sie Panzer erkennen?"

„Es sind einige Sherman dabei – stehen nahe der Straßenkreuzung – scheinen aber vorsichtig zu sein und trauen dem Frieden offenbar nicht so richtig. Sie rücken nur sehr, sehr langsam voran."

Er deutet nun mit ausgestrecktem Arm nach Süden.

„Sie werden in höchstens 15 Minuten vor dem Dorf stehen."

Busch dankt und tippt an seine Schirmmütze. Schnell macht er sich auf den Weg zu seinem ersten Zug. Dieser liegt circa 50 Meter vor den Sicherungspanzern.

Der Kompaniechef ist zufrieden. Die Stellungen sind sehr gut ausgebaut und getarnt. Busch instruiert den Zugführer, das Feuer erst aus nächster Entfernung zu eröffnen. Melder eilen zu den anderen Zügen, um den Befehl ebenfalls zu überbringen.

Die Spannung bei den Landsern wächst von Sekunde zu Sekunde.

Die deutschen Fallschirmer können die Soldaten in den khakifarbenen Uniformen bereits deutlich erkennen. Sie sind vielleicht noch 500 Meter entfernt.

Mallmann dreht sich um. Er packt den Hauptmann beim Arm und deutet auf die Kirchturmspitze an der plötzlich eine große, weiße Fahne weht.

„Verflucht, Mallmann, laufen Sie sofort los! Nehmen Sie noch ein paar Männer mit und holen Sie sofort diesen weißen Fetzen dort runter – wenn nötig, mit Waffengewalt!"

Busch streicht sich mit seiner rechten Hand über das stoppelige Kinn.

„So können wir nicht kämpfen – nicht, wenn die Fahne dort oben hängt."

Mallmann bestätigt und macht sich sofort los. Ihm folgen noch drei weitere Männer.

Die Amerikaner müssen die weiße Flagge jedoch bereits bemerkt haben, denn sie gehen plötzlich aufrechter und beinahe ohne Deckung. Auch das Dröhnen der Sherman-Panzer klingt nun stärker auf.

Hauptmann Ottfried Busch blickt angespannt auf die Uhr, den Gegner, den Kirchturm und wieder auf den Gegner.

Er kann und will das Feuer nicht eröffnen lassen, bevor nicht diese verfluchte weiße Flagge verschwunden ist.

Die Amerikaner sind noch höchstens 200 Meter vom Dorf entfernt.

Endlich – nach einer gefühlten Ewigkeit verschwindet die Flagge vom Kirchturm.

Einige Karabinerabschüsse peitschen nun über die Straße. Die vorgehenden Amerikaner bleiben verunsichert stehen.

Busch reckt seinen rechten Arm in die Luft. In der Hand hält er eine Signalpistole. Schon zischt die rote Leuchtkugel in den Nachthimmel.

Wenige Augenblicke später zischen weiße Leuchtkugeln schräg zu den Amerikanern und beleuchten für die Deutschen das Gefechtsfeld.

Die überrumpelten Amerikaner bleiben erschrocken stehen und schon brüllen die Panzerkanonen auf. Maschinengewehre stimmen mit schnellem Stakkato in das beginnende Höllenkonzert mit ein. Aus dem Hinterland ploppen schwere Granatwerfer.

Der Vater aller Dinge – Krieg – ist in das kleine sizilianische Dörfchen eingezogen.

In der Dunkelheit blitzen immer wieder die rot-gelben Mündungsblitze der Kampfwagenkanonen der Tiger auf.

Die abgefeuerten Granaten fressen sich ohne Probleme in den Stahl der Shermans und lassen einen nach dem anderen aufbrennen oder sie werden gleich zerrissen.

Wieder und wieder jagen Garben der MG 42 in die Reihen der Angreifer.

Doch nach der Überwindung des ersten Schocks werfen sich die Amerikaner nun in Deckung.

Der Vormarsch des Gegners gerät ins Stocken.

Schon fühlen sich die deutschen Fallschirmjäger siegessicher, da bricht buchstäblich die Hölle über das kleine Dorf herein. Die Amerikaner haben ihre Artillerie nachgezogen und beschießen nun die erkannten und vermuteten Ziele.

Vor den gut ausgebauten deutschen Stellungen schlagen die Granaten mit elementarer Wucht ein. Büsche, Sträucher und Bäume werden entwurzelt und umhergeschleudert.

Der Hauptmann schaut sich um und sucht eine bestimmte Person. Endlich sieht er den Gesuchten.

„Mallmann! Mallmann! Laufen Sie zu Röming und sagen Sie ihm, dass er einen seiner Tiger weiter nach links, Richtung Bachgrund vorziehen soll!"

Sofort schnellt der Oberjäger aus der Stellung. Granaten und Geschosse schlagen in naher und weiterer Entfernung um den Oberjäger ein. Der Fallschirmjäger hat aber Glück und kein Geschoss trifft ihn – er kommt unverletzt durch.

Der übrigen Männer in den Schützengräben greifen nach den bereitliegenden Panzerfäusten und machen sie schussbereit.

„Vorsicht!"

Ein amerikanischer Panzer ist nur noch 10 Meter von den deutschen Stellungen entfernt.

Der Obergefreite Hinterleitner springt plötzlich aus seiner Deckung, wirft sich auf die staubige Erde, legt das Rohr der Panzerfaust auf seine Schulter, zielt kurz und drückt ab.

Der Sprengtopf zischt auf die Flanke des Sherman zu und trifft. Kleine Funken fliegen nach allen Seiten weg. Dann passiert einige Augenblicke nichts, beinahe scheint es so, als ob der Sprengtopf keinerlei Wirkung zeigen sollte.

Doch dann explodiert der Kampfpanzer anscheinend aus seinem Inneren heraus. Stahlfragmente unterschiedlichster Größe werden herumgeschleudert. Übrig bleibt ein glühendes Wrack.

Sofort kriecht der erfolgreiche Panzervernichter wieder zurück in die schützende Deckung. Hinter den deutschen Stellungen rasseln plötzlich schwere Panzerketten. Der tonnenschwere Tiger schiebt sich durch die Büsche und schon brüllt seine KwK auf.

Die 8,8 cm-Granate findet zielsicher ihre Bestimmung und reißt den Turm des amerikanischen Kampfwagens ab. Aus der turmlosen Wanne schlängelt sich dunkler, öliger Rauch nach oben. Die Wanne ist im Inneren erleuchtet, anscheinend breitet sich dort ein Brand aus. Von der Besatzung ist nichts zu sehen.

Die schwere Artillerie der Amerikaner tastet sich indes immer weiter an die deutschen Stellungen heran. Sie legt ein dichtes Sperrfeuer vor das Dorf.

Im Schutz dieses schweren Artilleriefeuers erheben sich die amerikanischen Infanteristen und stürmen auf das Dorf zu.

Doch was die Amerikaner vollkommen unterschätzt haben, ist die Anzahl der hier verfügbaren Panzer.

Oberleutnant Röming lässt weitere Tiger vorziehen und diese brechen nun beiderseits des Dorfes vor. Einige schieben sich durch den Bachgrund, andere brechen durch die Büsche und walzen kleine Olivenbäume nieder.

Sofort eröffnen die Funker durch ihre Bug-MG das Feuer auf die amerikanischen Infanteristen. Auch die koaxialen Maschinengewehre im Turm versprühen ihre tödlichen Projektile.

Auch die Kampfwagenkanonen jagen mit lautem Knall ihre Sprenggranaten in die Gruppen der Feinde.

Durch diesen ganzen Lärm dringt ein Schrei an die Ohren des Hauptmanns, der ihm das Blut in den Adern gefrieren lässt – das lang gezogene „Saaannniiiitäääteeerrrr" eines soeben getroffenen Landsers.

Schnell hetzt der Sanitätsdienstgrad aus dem Deckungsloch in Richtung des Verwundeten. Rund um ihn herum spritzen kleine Staubfähnchen auf. Wie ein gejagtes Tier läuft der Unteroffizier im Zickzack um sein Leben. Mit einem langen Satz springt er in den Graben, in dem der Verwundete liegen muss.

Busch fällt ein Stein vom Herzen.

Doch er hat keine Zeit länger zu beobachten, was mit den beiden Landsern geschieht.

Schon klemmt er sich wieder hinter seine MP 40 und gibt hämmernde Feuerstöße auf die Angreifer ab.

Nach einigen Minuten rutscht der Sani in das Panzerdeckungsloch seines Kompaniechefs.

„Hinterleitner ist tot. Sein rechtes Bein und der rechte Arm wurden ihm abgerissen – ist unter meinen Händen gestorben."

Busch schaut den Sanitätsdienstgrad entgeistert an. Jetzt erst fallen ihm die blutigen Hände von Unteroffizier Fiedler auf.

„Ausgerechnet Hinterleitner – der erfolgreiche Panzervernichter – er hatte sich erst vor einer Woche ferntrauen lassen und stand ganz oben auf der Urlauberliste", geht es dem Hauptmann durch den Kopf.

Hauptmann Ottfried Busch wischt sich nun mit der rechten Hand über sein verstaubtes Gesicht.

Tackernde MG-Garben holen ihn in die Gegenwart zurück.

Mittlerweile schiebt sich die Sonne zum wolkenfreien Himmel empor. Die deutschen Tiger-Panzer können noch zwei weitere amerikanische Kampfpanzer abschießen. Auch bei der Bekämpfung der feindlichen Infanterie geben sie den Ausschlag zugunsten der Deutschen. Die Invasoren kommen hier nicht weiter voran und müssen sich schrittweise zurückziehen.

Sowohl das Feuer der Amerikaner als auch das Abwehrfeuer wird nun nach und nach weniger, bis es letztendlich ganz verstummt.

Nun legt sich eine unheimliche, drückende Stille über das Dorf.

Keine detonierenden Granaten zerreißen die hereinbrechende Ruhe – kein Maschinengewehr lässt sein schnelles Hämmern hören.

Schließlich beginnen die deutschen Fallschirmjäger ihre Stellungen auszubessern und auszubauen, auch wird das Vorfeld beobachtet und Ausschau nach Verwundeten gehalten. Doch sie können keine

Bewegungen im Niemandsland erkennen. Die Posten bleiben in der sengenden Sonne stehen.

Hauptmann Busch lässt Männer einteilen, die Panzerminen verlegen – andere errichten Straßensperren. Zwar reichen diese Maßnahmen längst nicht aus, um einen massierten Großangriff aufzuhalten, doch gibt es besonders den Vorposten ein zusätzliches Gefühl der Sicherheit.

Der Hauptmann arbeitet selbst bei der Errichtung eines weiteren Unterstandes hinter dem Haus des Bürgermeisters mit. Er schnappt sich eine Spitzhacke und lässt die Spitze immer wieder in den harten, steinigen Boden jagen.

Der Schweiß läuft den Landsern die Körper hinunter. Kaum einer von ihnen hat noch den typischen Knochensack an. Die meisten tragen nur noch ihre Luftwaffenblauen- oder khakifarbenen Hosen und die Springerstiefel sowie die Hermann Meyer-Mützen. Nur die Posten tragen noch die vollständige Uniform samt Knochensack und Fallschirmspringerhelm.

Busch wischt sich mit einem Taschentuch den Schweiß aus dem Gesicht und sieht, wie andere Soldaten Meterholz heranschleppen, welches dann als Decke des Bunkers dienen soll. Darauf soll dann reichlich Erde geworfen und letztendlich getarnt werden.

An der Straße Richtung Catania lässt der Kompaniechef ein großes Granatwerfer- und MG-Nest bauen. Dorthin soll sich Reperts erster Zug begeben.

Busch setzt nun seine Feldflasche an und der warme Tee läuft ihm angenehm die Kehle herunter.

Dabei blickt er sich um und sieht, wie einige Fallschirmer Sandsäcke in die Fenster der Häuser stapeln. Zivilisten sind nun nicht mehr zu sehen. Busch vermutet, dass sie sich in die Keller der Häuser verkrochen haben.

Der Hauptmann geht zu Leutnant von Rosenau und schlägt ihm freundschaftlich auf die Schulter.

„Los, Rosenau. Wir wollen mal zum Kirchturm hoch und uns umschauen."

Die beiden Männer übergeben ihre Werkzeuge zwei anderen Soldaten und gehen zur Kirche, um die hölzerne Treppe zum Turm hinaufzusteigen.

Die beiden Offiziere klettern zwischen die rostigen Eisenträger, an denen die große Glocke hängt.

Vom Glockenstuhl können sie weit in das feindliche Hinterland schauen.

Der junge Leutnant beschattet seine Augen mit der Hand und blickt angestrengt Richtung Gegner und zum Meer hinaus.

„Rauchwolken, Herr Hauptmann!"

„Wo?"

„Dort, am Horizont."

„Tatsächlich – wissen Sie, was das ist, von Rosenau?"

„Nein, Herr Hauptmann."

„Das sind die alliierten Kriegsschiffe! Sie kommen näher an die Küste heran. Also können wir uns demnächst auf schweres Artilleriefeuer gefasst machen!"

Dem Hauptmann wird bei diesem Gedanken warm und kalt.

Zum Leutnant gewandt meint er nun entschlossen: „Rosenau, Sie werden unverzüglich dafür Sorge tragen, dass die Zivilisten das Dorf verlassen. Nehmen Sie den Sohn vom Bürgermeister zu Hilfe und machen Sie denen unmissverständlich klar, was dem Dorf bevorsteht!"

Der junge Leutnant grüßt schnell und klettert flink die Holzleiter hinab.

Hauptmann Ottfried Busch klettert dem jungen Zugführer hinterher.

Kaum unten angekommen, ruft der Kompaniechef die Melder zu sich.

Wenig später ziehen sich die Fallschirmjäger und alle Panzer bis auf zwei, aus dem Dorf zurück.

Die beiden übrigen Tiger feuern immer wieder mit ihren Kanonen und Bord-MG zu den Amerikanern hinüber, um weiterhin Anwesenheit vorzutäuschen.

Selbst die Zivilisten haben diesmal dem Befehl Folge geleistet und verlassen das Dorf. Da man die großen Schlachtschiffe der Alliierten bereits vom Dorf aus erkennen kann, hilft bei der Entscheidungsfindung ungemein.

Durch die Täuschungsmaßnahmen bemerken die Amerikaner nichts vom Absetzen der Deutschen.

Einige Kilometer vom Dorf entfernt, geht die Fallschirmjäger-Kampfgruppe in einem Olivenhain in Deckung.

Die Panzerkampfwagen werden wieder in Stellung gebracht und notdürftig getarnt.

Kaum ist diese Arbeit beendet, da sieht der Hauptmann, dass es bei den Kriegsschiffen auf See aufblitzt.

Schon grollt der schwere Geschützdonner über die Küsten zu der Kampfgruppe herüber.

Dann sehen die Männer der *Hermann Göring* und auch die italienischen Zivilisten, wie die Granaten schwersten Kalibers in das Dorf einschlagen, wie Häuser unter den Treffern einfach verschwinden, wie Steine, Ziegel und Erde herumgewirbelt werden.

Schnell haben sich die alliierten Kriegsschiffe auf das Dorf eingeschossen. Bereits nach den ersten Granaten versinkt der Kirchturm in einer Wolke aus Staub, Gestein, Holz und Metall.

Der gelbliche Pulverdampf verbirgt nun das Vernichtungswerk der Schiffsartillerie vor den Augen der Italiener und der deutschen Fallschirmjäger.

Wieder und wieder hämmern die Granaten der Kaliber 38,1 cm, 20,3 cm und 11,2 cm in das geschundene Dorf hinein. Jeder Quadratmeter des steinigen, sizilianischen Bodens wird mehrfach umgepflügt.

Hauptmann Busch blickt auf seine Armbanduhr. Das Artilleriebombardement dauert nun schon über eine Stunde. Doch noch immer scheint die Intensität der Granateinschläge nicht abzunehmen.

Einige der schwersten Granaten schlagen beunruhigend nahe der neuen Stellungen der Fallschirmjäger ein und Busch überlegt, ob es nicht besser wäre, weiter zurück zu gehen.

Doch diesen Gedanken verwirft er sehr schnell wieder, denn die Aussicht einen Gegenangriff in die nach dem Artilleriefeuer vollkommen sorglos vorrückenden Amerikaner zu führen, ist viel zu reizvoll. Wenigstens kann er so wieder einmal offensiv vorgehen, wenn auch nur für kurze Zeit.

Durch den dichten Qualm sehen die Männer immer mal wieder Flammen zucken.

„Das Feuer wird weniger!“, meint Leutnant von Rosenau.

„Anscheinend feuern sie nur noch mit den schweren Geschützen“, lässt Oberjäger Mallmann sich verlauten.

„Los, auf und abmarschbereit machen“, befiehlt der Kompaniechef.

Das Feuer aus den Schiffsgeschützen verstummt
nun vollends.

„Los! Los! Je fünf Mann des ersten Zuges auf die
Tiger, der Rest der Kompanie im Laufschritt zum
Dorf!", befiehlt Busch mit rauchiger Stimme seinen
Männern.

Dröhnend springen die schweren Maybach-Moto-
ren der 55 Tonnen Kampfpanzer an. Dann rollen sie
mit den aufgesessenen Fallschirmjägern Richtung
Dorf.

Einige Granaten der mittleren Artillerie der
Schlachtschiffe gehen am Küstenstreifen nieder.

Die Panzerkampfwagen rumpeln durch das staubige und steinige Gelände vorwärts. Immer wieder
sehen die besorgten Landser zum Himmel empor
und halten Ausschau nach feindlichen Jagdbom-
bern. Doch glücklicherweise lässt sich keine der
Feindmaschinen blicken. Als die Panzer der Kampfgruppe nur noch wenige Kilometer vor dem Dorf
stehen, verstummt das Artilleriefeuer wieder.

Hauptmann Busch, der auf dem Panzer von Oberleutnant Röming hockt, schlägt mit dem Kolben seiner MP 40 auf die Turmluke der Kommandantenkuppel. Wenige Sekunden später schaut das ver-
schwitzte Gesicht des Panzeroffiziers aus dem Turm
heraus. Seine nassen Haare kleben dem jungen Offizier auf der Stirn.

„Los! Schneller! Wir müssen vor den Amis wieder
im Dorf sein!"

Röming drückt das Kehlkopfmikrofon gegen den
Hals und sagt etwas, das Busch durch den Motoren-
lärm und das Kettenrasseln nicht verstehen kann.
Kurz darauf dröhnt der 700 PS Maybach
HL 230 P 45-Motor noch mehr auf und der Pan-
zer VI zieht die Geschwindigkeit spürbar an. Die

Fallschirmjäger haben nun Mühe, sich auf dem Stahlungetüm festzukrallen. Noch einige Kurven und kleine Erhöhungen und schon liegt das völlig zerstörte Dörfchen vor den Panzern und ihren Begleitern. Die Panzer ziehen sich weiter auseinander. Sie durchstoßen die unzähligen Trümmer und walzen die übriggebliebenen Olivenhaine nieder.

Wieder taucht der Kopf von Oberleutnant Klaus Röming aus dem Turm auf.

Er dreht sich zum Hauptmann und schreit gegen den allgegenwärtigen Lärm: „Die Amerikaner kommen uns entgegen, Herr Hauptmann!"

Die Panzer halten und die Fallschirmjäger springen von den Fahrzeugen. Diese bewegen sich nun langsam weiter und suchen sich günstige Deckungen.

Die Amerikaner marschieren mit mehr als 40 Shermans auf.

Die 16 Tiger eröffnen das Feuer. Bereits nach dem ersten Feuerschlag stehen zehn der M4 in Flammen, weitere zwei drehen sich auf der Stelle, da ihnen die Ketten von den Laufwerken geschossen wurden. Die Vorwärtsbewegung der Amerikaner gerät sofort ins Stocken. Sie haben sicherlich nach solch einem Artilleriefeuer nicht mehr mit Gegenwehr gerechnet.

Ohne weiter zu zögern, stoßen die Tiger nun vor. Wieder erschallt ein vielfacher Feuerschlag der deutschen Panzerkampfwagen, wieder bleiben einige amerikanische Kampfwagen getroffen stehen. Doch nun erwidern auch die restlichen Shermans den Beschuss. Doch prallen ihre 7,5 cm Granaten wirkungslos an der dicken Panzerung der Panzer VI ab. Nur eines der Fahrzeuge stoppt, als sich die linke Kette zerrissen von den Laufrollen wickelt. Doch seine KwK 36 L/56 feuert weiter auf die Shermans. Durch die plötzlich auftretenden massiven Verluste kommt Unruhe in den amerikanischen Verband – schließlich stoppen sie und rollen sogar langsam zurück. Die deutschen Panzer verzichten darauf nachzustoßen.

„Zurück auf unsere alten Stellungen um das Dorf", befiehlt Oberleutnant Röming.

Im Vorfeld bleiben 19 teilweise brennende Wracks zurück.

Die Tiger rollen langsam zurück. Vier der Kampfwagen decken mit gezieltem Feuer die Absetzbewegung der restlichen Panzer.

Kaum sind die deutschen Stahlkolosse wieder in Deckung, da rollen die vier Fahrzeuge nun ebenfalls zurück. Auch die Fallschirmjäger, welche auf den Sd.Kfz 181 aufgesessen waren, gehen wieder in Stellung. Überrascht stellen die Landser fest, dass sowohl die Unterstände an der Straße als auch hinter dem Bürgermeisterhaus unter dem Artilleriebeschuss nicht gelitten haben. Nur das Dorf im Allgemeinen ist kaum wiederzuerkennen. Kein Haus, keine Scheune, keine kleine Hütte, die nicht eingestürzt oder abgebrannt ist.

Die große Glocke der Kirche liegt zersprungen zwischen den umgestürzten Grabsteinen des kleinen Friedhofs. Teilweise wurden die Leichen der Toten aus ihren Gräbern geschleudert, zerrissen und liegen nun in der Umgebung umher – ein gespenstischer Anblick.

Hauptmann Busch sieht sich um und meint zu Leutnant Viktor Repert: „Mein Gott, was für eine Verwüstung. Bin ich froh, dass keine Zivilisten mehr im Ort waren."

Der Leutnant nickt bedächtig, während auch er sich das Bild der Vernichtung betrachtet.

Nun endlich kommen auch die Reste der übrigen Kompanie beim Dorf an. Der Hauptmann und Leutnant Repert vernehmen jedoch ein Geräusch, das nicht von der heranrückenden Kompanie stammt. Es sind Geräusche von Flugzeugmotoren.

Mit seiner rechten Hand schirmt er sein Gesicht gegen die strahlende Sonne ab und blickt zum Himmel. Bei dem Anblick, der ihm geboten wird, schrickt er zusammen – weit mehr als 100 C-47 Transportmaschinen nähern sich von Süden kommend der sizilianischen Küste.

„Verdammt, noch weitere Fallschirmjäger", denkt sich Busch.

Sofort erteilt er die notwendigen Befehle. Das Dorf wird zur Rundumverteidigung eingerichtet.

Kaum gehen die Männer der *Hermann Göring* an die Arbeit, da jagen feindliche Jagdbomber heran. Sofort fangen ihre Bordwaffen an zu hämmern. Die Landser spritzen auseinander und werfen sich in Deckung.

Als die Jabos über dem Dorf sind, lösen sich kleine schwarze Gebilde von den Flugzeugen.

Ohrenbetäubende Explosionen erklingen an mehreren Stellen im Dorf.

Dennoch lässt der Kompaniechef auch die Transporter nicht aus den Augen.

Dort hechten die feindlichen Soldaten nun aus den Maschinen.

Mit geübtem Blick erkennt der Hauptmann sofort, dass sie viel zu früh abspringen.

Er stellt sachlich fest, dass die Masse der Feinde im Meer landen wird. Viele weitere werden zwischen den amerikanischen Stellungen landen.

Den kläglichen Rest, der in der Nähe der deutschen Linien landen wird, nehmen die Landser systematisch unter Feuer. Noch bevor die Gegner den Boden erreichen, sind sie schon tot.

Einige der feindlichen Fallschirmjäger kommen tatsächlich innerhalb der deutschen Verteidigungsstellung rund um das Dorf herunter. Es kommt zu einem unerbittlichen Nahkampf, dessen Ausgang jedoch bereits von vornherein feststeht.

Nach den Kämpfen lässt Hauptmann Busch die Verwundeten sofort versorgen, die Unverwundeten lässt er zu sich bringen.

Es sind alles junge, kräftige Männer. Sie gehören alle zum 504. amerikanischen Fallschirmjägerregiment der 82. Luftlande-Division.

Die Soldaten machen nun einen sehr deprimierten Eindruck. Sicher hatten sie sich ihren ersten Kampfeinsatz anders vorgestellt.

Busch stellt einigen der amerikanischen Fallschirmjäger ein paar Fragen. Ein deutscher Landser, der Englisch spricht, fungiert als Übersetzer. Zwar kann auch Busch etwas Englisch, doch will er auf Nummer sicher gehen und keines der Wörter falsch verstehen.

Manche der Amerikaner antworten, andere schweigen beharrlich. Dennoch kann sich der Kompaniechef nun ein einigermaßen klares Bild von der gegnerischen Luftlandeoperation machen.

Immer mehr schiebt sich die Sonne mit einem blutigen Rot am Horizont entlang und in spätestens einer Stunde wird sie verschwunden sein.

Hauptmann Busch hat sich dazu entschieden die Gefangenen, begleitet von einigen seiner Fallschirmer nach Norden transportieren zu lassen.

Nun läuft er im Dorf entlang und inspiziert die Stellungen der einzelnen Züge.

Bei Feldwebel Otto Heiß, dem Führer des dritten Zuges bleibt er kurz stehen. Heiß ist ein stattlicher Mann, groß, breit gebaut und mit dichten blonden Haaren. Nun allerdings sind sie unter dem Fallschirmjägerhelm nur zu erahnen.

„Na, Heiß, alles klar soweit? War ein ereignisreicher Tag heute, oder?"

„Jawohl, Herr Hauptmann, bei uns ist alles klar. Hier wird es keine Schwierigkeiten geben. Glücklicherweise gab es bisher keine größeren Verluste bei uns."

Der Kompaniechef lächelt aus seinem braungebrannten und verstaubten Gesicht. Anders als der Feldwebel trägt Busch keinen Stahlhelm, er bevorzugt die leichtere Feldmütze.

„Ja, zum Glück. Dafür sollten wir sehr dankbar sein und hoffen, dass es so bleibt."

Der Offizier sieht, dass den Zugführer etwas bedrückt.

„Aber es brennt Ihnen doch etwas unter den Fingernägeln, Heiß."

„Wie soll das alles weitergehen, Herr Hauptmann?"

„Das weiß niemand, Heiß – am wenigsten ich."

Busch greift in die Seitentasche seines Knochensacks und zieht drei Zigarettenschachteln heraus.

„Für Sie und Ihre Männer. Sehen Sie es als Sonderzuteilung."

Der Feldwebel nickt dankbar und lässt die Schachteln nun seinerseits in der typischen Fallschirmjägerbekleidung verschwinden.

„Heute Nacht soll die Verpflegungs- und Munitionskolonne kommen. Die bringt dann wohl auch neue mit – und vielleicht auch das ein oder andere gute Tröpfchen für uns. Gute Nacht, Heiß."

Der Hauptmann verabschiedet sich. Am Nachthimmel steigen einige Leuchtkugeln nach oben und fallen langsam herab. Die Gegend wird in ein gespenstisches, künstliches Licht getaucht.

Weiter links durchschneidet die Leuchtspurkette eines Maschinengewehrs die Dunkelheit.

Der helle Mond schiebt sich langsam hinter eine Wolkenbank und die Umgebung wird deutlich dunkler als zuvor.

Oberjäger Mallmann ist gerade dabei sich eine Zigarette aus seiner zerknitterten Schachtel zu angeln. Ab und an hebt er vorsichtig seinen Kopf über den Rand des Grabens. Sehen kann er nichts, hören auch nicht. Drüben beim Gegner ist es verdächtig ruhig geblieben. Meist ist das kein gutes Zeichen.

„Der Ami führt bestimmt etwas im Schilde", denkt sich der Oberjäger. „Vielleicht gruppiert er auch nur seine Truppen um. Schließlich haben wir ihm ja einiges vor den Latz geknallt."

Mallmann geht in die Hocke und zündet sich seine Zigarette mit seinem Sturmfeuerzeug an. Die Schritte des Doppelpostens, der die gepflasterte Dorfstraße herunterkommt, klingen hallend durch die Nacht. Vorn an der Panzersperre blicken sie in Niemandsland, dann machen sie langsam kehrt und gehen zurück.

Das geht zwei Stunden so, immer im gleichen Rhythmus.

Der Gefreite Werner Fromm kommt aus einem der Bunker heraus und springt in den Graben hinein, in dem Mallmann rauchend hockt.

„Wo ist denn der Chef?"

„Keine Ahnung", ist die kurze Antwort des Oberjägers.

Unverhofft ist genau dieser da.

„Mallmann, sammeln Sie mal vier, fünf Freiwillige für einen Spähtrupp zusammen!"

„Jawoll, Herr Hauptmann, kann ich selbst auch mitgehen?"

„Natürlich, dann brauchen Sie noch drei Mann."

„Ich geh auch mit, Herr Hauptmann!", meint der Gefreite Fromm.

„Sehr gut, dann noch zwei und danach macht ihr euch fertig. Mitgenommen werden Maschinenpistolen und Eierhandgranaten, Koppel, Stahlhelm und alles weitere bleibt hier. Es darf nichts klappern. Wollen doch mal sehen, ob die Brüder da drüben eingeschlafen sind!"

Gerade mal zehn Minuten später schleichen die Freiwilligen im Straßengraben nach Süden. Beinahe vollkommen lautlos bewegen sie sich dicht hintereinander durch das hohe Gras. Immer wieder halten sie an, sichern nach allen Seiten, aber es bewegt sich nichts. Kein verdächtiges Geräusch dringt an die Ohren.

Hauptmann Busch drückt sich tiefer ins Gras. Die restlichen fünf Fallschirmjäger stecken ihre Köpfe zusammen.

„Wir müssen uns eigentlich schon in den amerikanischen Linien befinden – wenn sie sich nicht hinter den kleinen Hang zurückgezogen haben."

„Kann möglich sein, Herr Hauptmann", flüstert Mallmann.

„Dann weiter!"

Vorsichtig schleichen sie, beinahe mit dem Boden verwachsen, weiter durch den hüfttiefen Straßengraben. Auf einmal stehen sie vor einer verlassenen

Maschinengewehrstellung. Die zahlreichen Patronenhülsen unter ihren gummibesohlten Springerstiefeln verraten es.

„Sie sind tatsächlich weg!"

„Verflucht nochmal, aber wohin?"

„Wer weiß – weiter!"

Die Straße schlängelt sich um den Fuß des Hügels. Auf einmal erkennen die Fallschirmjäger hinter dem Hang zwei Posten. Sie stehen locker an einen Baum angelehnt und reden miteinander.

„Die kassieren wir!", flüstert Busch den anderen Männern entschlossen zu.

„Fromm und ich nehmen den linken, Mallmann und Lüdeke den anderen! Lautlos! Keine Geräusche!"

Die vier Männer gleiten so leise wie möglich weiter vor. Die beiden Posten nehmen keinerlei Notiz von ihnen.

Ihre Körper straffen sich für den letzten Sprung. Einer Stahlfeder gleich wollen sie hervorspringen.

„Auf!"

Sie werfen sich auf die vollkommen überrumpelten Amerikaner. Mallmann drückt einen der unglücklichen Soldaten zu Boden, Busch reißt den zweiten nieder und hält ihm den Mund zu, damit er keinen Warnruf ausstoßen kann.

„Aufstehen!", zischt Busch die perplexen Amerikaner an.

Die beiden Gefangenen erheben sich langsam und vorsichtig.

Fromm und Lüdeke nehmen den beiden die Maschinenpistolen ab.

Die zwei feindlichen Fallschirmjäger laufen nun gehorsam vor den Deutschen her.

Oberjäger Mallmann hat den Zeigefinger auf dem Abzug seiner MP 40, doch sie erreichen die eigenen Stellungen ohne Zwischenfälle.

Hauptmann Busch nimmt die beiden Gefangenen mit in seinen Gefechtsstand.

„Sit down!"

„Thanks, Sir!"

„What's your name?"

„Stuart, Sir!"

Busch bietet dem Gefangenen eine Zigarette an.

Der Soldat, der sich als Stuart vorgestellt hat, beginnt zu reden.

„Ich gehöre zum Aufklärungsbataillon der 1. Infanteriedivision. Unsere Infanterie, die gepanzerten Kräfte und unsere Artillerie sind abmarschiert."

„Wohin?", fragt Busch mit kühler Stimme auf Englisch.

Der Amerikaner zögert einen Augenblick.

„Wohin?", fragt Busch nun etwas lauter als beim ersten Mal.

Der amerikanische Fallschirmjäger zuckt zusammen und beginnt nun zu erzählen.

„Unsere Truppen dürften jetzt schon längst in Ihrem Rücken stehen, Sir."

Der Kompaniechef lässt sich seine plötzlich aufkommende Anspannung nicht anmerken.

„Na gut, dann war unser Spähtrupp wenigstens in dieser Hinsicht erfolgreich."

Er wendet sich zum Kompanietruppführer.

„Mallmann, bring unsere beiden Gäste irgendwo sicher unter."

Der Oberjäger nickt und verschwindet mit den beiden Amerikanern aus dem Gefechtsstand.

Hauptmann Ottfried Busch bleibt nachdenklich hinter seinem kleinen, grob gezimmerten Holztisch sitzen.

„Wenn es wirklich stimmt, dass die Amis uns umgangen haben, dann steht es schlecht für uns. Zum Glück ist die Verpflegungskolonne während des Spähtrupps im Dorf angekommen", überlegt Busch.

Er lässt die Zugführer und die beiden Panzeroffiziere zu sich kommen, um ihnen die neue Situation offen zu legen.

Nach längerem Hin- und Herüberlegen hatten sich die Offiziere im Kompaniegefechtsstand entschieden, Spähtrupps auszusenden, um einen klaren Überblick über ihre Lage zu bekommen und zu erfahren, wo der Feind nun letztendlich stehe.

Nun sind die Spähtrupps wieder zurückgekehrt und Busch bekommt endlich Meldung.

„Wie sieht es aus, was konnte aufgeklärt werden?"

„Die Amerikaner sind bereits überall, Herr Hauptmann!", berichtet Oberjäger Mallmann, der einen der Spähtrupps geführt hatte.

„Also sind wir eingeschlossen", stellt der Kompaniechef fest.

„Richtig, Herr Hauptmann."

Busch steht auf und geht nachdenklich auf und ab.

Schließlich bleibt er stehen. Sein Blick geht über die anwesenden Panzeroffiziere hinweg.

Er sieht Leutnant von Rosenau an und meint entschlossen: „Also, so wie ich das sehe, haben wir zwei Möglichkeiten. Entweder wir bleiben hier und kämpfen bis zur letzten Patrone oder wir brechen nach Richtung Norden aus! Die Kapitulation lehne ich als dritte Option von vornherein ab!"

„Ich schlage vor, dass wir ausbrechen, Herr Hauptmann!", meint Oberleutnant Röming entschlossen.

„Das denke ich auch. Repert, was sagen Sie dazu?"

„Ich schließe mich der Meinung von Oberleutnant Röming an."

„Und Sie, Spiecker?"

Der Oberfeldwebel nickt entschlossen: „Ich sehe das genauso, Herr Hauptmann."

„Und Sie, von Rosenau?"

„Herr Hauptmann, ich wäre ebenfalls für diese Option", stimmt Leutnant Alexander von Rosenau zu.

„Wenn niemand der anderen eine andere Meinung vertritt, dann werden wir alles entsprechend vorbereiten und sämtliche Sachen, die uns behindern, sprengen. Ich denke insbesondere an die Trossfahrzeuge, die nicht geländegängig sind. Dem Feind darf keinerlei Material unzerstört in die Hände fallen. Auf die Spritfahrzeuge der Panzer können wir allerdings nicht verzichten, denn wir wissen noch nicht, wo und wann wir wieder auf eigene Verbände stoßen werden. Das wäre alles. Ich danke Ihnen, meine Herren."

Die beiden Panzerkompaniechefs sowie die Zugführer der Kompanie Busch verschwinden zu ihren Männern.

In der Tür des Gefechtsstandes stehend, ruft ihnen der Hauptmann noch nach: „In einer halben Stunde erwarte ich die Meldung Ihrer Marschbereitschaft!"

„Jawohl, Herr Hauptmann!"

Dann geht Busch zurück in den Unterstand und ist allein.

Kurz darauf kommt Oberjäger Mallmann die kleine Treppe hinunter gestolpert.

„Herr Hauptmann, was machen wir mit unserem persönlichen Gepäck?"

„Alles verbrennen! Wir müssen so beweglich wie möglich bleiben und jeder Ballast muss zurückgelassen werden. Brotbeutel, Feldflasche, Gasmaske, Zeltbahn und Decke. Dazu noch Kochgeschirr, Verpflegung und Munition, mehr nicht!"

Busch begibt sich nun zu einer Kiste und wühlt darin herum. Er zieht seine beste Feldhose an und dazu noch die weichen Stiefel. Seinen Springerhelm befestigt er an seinem Koppel, steckt sich noch drei Schachteln Pistolenmunition in die Taschen des Knochensacks und schlägt die Kiste wieder zu.

„Wird auch verbrannt, Mallmann!"

„Was ist mit Ihren Zigaretten und dem Schnaps?"

Busch grinst trocken und meint dann beinahe nebensächlich: „Können Sie unter dem Kompanietrupp verteilen."

Der Hauptmann begibt sich nochmal in die Stellungen seiner Männer. Überall sind die Fallschirmjäger dabei, ihr Gepäck zu erleichtern. Sie stopfen sich die Verpflegung für einige Tage in die Brotbeutel, füllen ihre Patronentaschen und die Magazine der Maschinenpistolen, Karabiner und Fallschirmjägergewehre.

Rechts an der Straße wird der Tiger mit der zerschossenen Kette zur Sprengung vorbereitet. Seine Granaten und die MG-Munition werden auf die übrigen Kampfpanzer verteilt. Der Sprit wird herausgepumpt und auch das Benzin der Fahrzeuge, welche gesprengt werden sollen, wird auf die übrigen Fahrzeuge, die nicht gesprengt werden sollen, aufgeteilt.

Es sind nur vier geländegängige Fahrzeuge übrig. Drei davon sind mit Spritfässern und Kanistern beladen, das vierte trägt Granaten und gegurtete MG-Munition.

Dazu kommen noch die 15 Tiger-Panzer der beiden Panzerkompanien.

Zurück im Gefechtsstand wird Busch bereits von den beiden Panzeroffizieren und seinen Zugführern erwartet. Alle melden ihre Einheiten abmarschbereit.

Der Hauptmann räuspert sich.

„Wir werden ohne Rücksicht auf etwaige Verluste durchbrechen müssen. Ich weiß, was ich damit sage, aber wer fällt oder schwer verwundet wird, muss zurückgelassen werden. Ich hoffe, dass die Amerikaner sich um diese Unglücklichen kümmern werden. – Wir werden im Panzerkeil durchbrechen. Die vier Lastwagen bleiben in der Mitte auf der Straße. Sollte der ein oder andere Panzer ausfallen, schließen die anderen sofort auf, damit der Zusammenhalt unbedingt gewahrt bleibt. Hat noch irgendjemand Fragen?“

„Nein!“

„Gut, es ist jetzt nach meiner Uhr genau 12.15 Uhr. Um 12.30 Uhr werden die überzähligen Fahrzeuge angebrannt und der Panzer gesprengt. Punkt 12.45 Uhr treten wir zum Durchbruch nach Norden an. Verstanden?“

Nach einer kurzen Pause fügt er hinzu: „Ich selbst werde im Beiwagenkrad vorn mitfahren.“

Als die deutschen Fallschirmjäger sich auf der Dorfstraße sammeln, sticht die Sonne heiß vom Himmel herab. Zu allem Überfluss liegt auf den Stellungen auch noch gelegentliches Störfeuer der amerikanischen Artillerie.

Die Soldaten werden den einzelnen Panzern zugewiesen und klettern auf die Kampfwagen.

Dröhnend hallen die Sprengungen und Explosionen über das Gelände.

Busch hebt seine Hand.

„Panzer – Marsch!"

Nun schieben sich die schweren Kampfwagen mit rasselnden Ketten über die staubige Straße, durch die kleinen Gärten und die Olivenhaine in Richtung Norden.

Die letzten, anklagend zum Himmel ragenden Ruinen des kleinen Dorfes bleiben hinter der Kampfgruppe zurück.

Zwischen den Resten des vollkommen zerstörten Dorfes lodern die Flammen der gesprengten Fahrzeuge. Immer wieder schallen Detonationen über die Ebene.

Bald darauf klirren MG-Geschosse gegen die Panzerung der Spitzenpanzer.

Hart bellen die Kampfwagenkanonen auf und beschießen die gegnerischen Stellungen, die an einem kleinen Waldrand liegen. Auf einen Schlag feuern nun 15 schwere 8,8 cm KwK 36 und zerfetzen dort wo sie einschlagen menschliche Leiber, Maschinengewehre und Geschütze.

Der Tiger von Oberleutnant Röming schiebt sich an der rechten Straßenseite entlang, reißt Büsche und Bäume um und zermalmt sie mit seinen breiten Ketten.

Schrittweise kämpfen sich die schweren Stahlungetüme an die feindliche Sperrlinie heran. Vereinzelt bellen nun Panzerabwehrgeschütze mit scharfem Knall auf. Doch scheinen die Richtkanoniere auf der Gegenseite bereits sehr nervös zu sein, denn die Granaten liegen ungenau und zischen über oder neben den Kampfpanzern entlang. Teilweise schlagen sie auch vor den Tigern in die Erde und werfen Erdbrocken, Steine und Sand gegen die Panzerung der Fahrzeuge.

Die Fallschirmjäger sind bereits bei den ersten Schüssen von den Panzern gesprungen und gehen nun hinter den Stahlfestungen vor.

Hauptmann Busch ist ebenfalls aus seinem Beiwagen-Krad gesprungen und springt nun von Deckung zu Deckung vor. Er beobachtet mit einen Fernglas den Waldrand und stellt erleichtert fest, dass der Gegner anscheinend noch keine Zeit hatte, befestigte Stellungen zu bauen.

Aus kürzester Entfernung feuert nun ein schweres MG über die Straße. Der Turm des Chefwagens dreht sich herum und eine Granate verlässt donnernd das lange Rohr.

„Volltreffer!", ruft Hauptmann Ottfried Busch.

Die Sprenggranate saß genau im Maschinengewehrnest.

Wieder hebt er sein Zeiss-Glas und sucht die Gegend ab.

Dabei entdeckt er khakifarbene Gestalten mit flachen Tellerhelmen.

„Also sind hier Engländer", überlegt Busch.

Plötzlich schlägt den Tigern konzentriertes Abwehrfeuer durch Artilleriegeschütze entgegen. Die schweren Geschütze feuern in direktem Beschuss. Eiligst verschwinden die Fallschirmjäger hinter den Panzerkampfwagen, deren Kommandanten und Richtschützen nun die Umgebung mit ihren Optiken absuchen, um den neuen Feind ausfindig zu machen.

Etwa halbrechts vom Waldrand blitzt es plötzlich auf. Dort muss die Batterie des Feindes sein.

Hauptmann Busch nimmt erneut sein Fernglas vor die Augen. Schnell hat er die beinahe deckungslos aufgefahrenen Geschütze ausfindig gemacht.

Er muss die Panzer aber nicht darauf aufmerksam machen, denn die schweren Türme der Kampfwagen schwenken nun einer nach dem anderen in die entsprechende Richtung. Schon jagt die erste 8,8 cm-Granate zum Gegner hinüber. Krachend schlägt das Geschoss in die Artilleriestellung ein. Dies ist jedoch nur der Auftakt für ein unglaubliches Vernichtungsfeuer. Bei den Engländern werden verbogene Metallteile und menschliche Körper durch die Luft geschleudert. Das Feuer der Artilleriegeschütze lässt immer mehr nach und hört schließlich ganz auf – die Batterie ist niedergekämpft.

Die überlebenden englischen Infanteristen beginnen damit, sich sprungweise nach hinten abzusetzen.

„Aufsitzen!"

Busch springt auf Römings Führungspanzer, doch eine ohrenbetäubende Explosion schleudert ihn Augenblicke später wieder herunter.

Benommen bleibt der Hauptmann in der Erde und dem Staub des Geländes liegen. Als er sich langsam wieder aufrappelt, wird er von einer riesigen Stichflamme geblendet.

Instinktiv rollt er sich in den nahen Straßengraben und presst sich dicht an die warme Erde.

Eine fürchterliche Explosion dröhnt nun auf, Splitter fliegen sirrend nach allen Seiten und letztendlich zerreißt es Oberleutnant Klaus Römings Panzerkampfwagen. Der schwere Turm wird gut 20 Meter hoch in die Luft geschleudert und fällt dröhnend auf die Straße herab.

Erst als die letzten Splitter in die Erde gefahren sind, schiebt sich der Hauptmann über den Rand des Grabens. Dort, wo eben noch der 55 Tonnen schwere Panzerkampfwagen VI Tiger stand, gähnt nun ein schwarzer, verbrannter Trichter. Nur verbogene Stahlteile, zerrissene Kettenglieder und einige zerfetzte Motor- und Getriebeteile zeugen davon, dass dort vor wenigen Augenblicken noch ein Kampfpanzer mit fünf Menschen als Besatzung stand.

Von links schiebt sich nun Leutnant Siegling mit seinem Tiger heran, um die entstandene Lücke zu schließen. Dessen Kanone sucht ununterbrochen die Feindstellungen ab – und endlich hat er die versteckte schwere Pak entdeckt, die dem jungen Oberleutnant zum Verhängnis geworden ist.

In unglaublich schneller Folge jagt der Richtschütze drei Sprenggranaten in die Stellung hinein. Der Funker beharkt die nähere Umgebung mit seinem MG 34. Schließlich überrollt der tonnenschwere Tank, was von diesem gefährlichen Gegner übrig geblieben ist.

Danach rollt er wieder zurück auf die Straße.

Oberjäger Mallmann springt zu seinem Kompaniechef in den Graben.

„Herr Hauptmann, geht es Ihnen gut?"

„Alles in Ordnung, Mallmann. Los, wir müssen weiter – wir müssen durchbrechen!", meint der Hauptmann mit leichtem Stöhnen.

Die Männer des Kompanietrupps ziehen es nun vor, nicht mehr auf einen der Panzer zu klettern. Sie schieben sich geduckt durch den Straßengraben weiter vorwärts.

Plötzlich schreit Hauptmann Busch: „Volle Deckung!"

Keine 40 Meter vor ihnen geht ein englischer MG-Trupp in Stellung.

„Handgranaten her!", ruft Busch.

Blitzschnell werden die Kappen der Stielhandgranaten abgeschraubt und dann torkeln die ersten Sprengkörper zum Gegner hinüber. Sie landen genau zwischen den Gegnern und noch ehe diese richtig in Stellung gehen können, werden sie von Splittern niedergestreckt.

Mit langen Sätzen springt Hauptmann Busch in die englische Stellung hinein. Ein verwundeter englischer Soldat lehnt in einem Erdloch. Seine Augen sind weit geöffnet und sein Atem geht stoßweise. Er hebt erschrocken die Hände, aber Busch winkt nur kurz ab.

„Keine Sorge, für dich ist der Krieg aus", meint er in gebrochenem Englisch zu dem Verwundeten. Dann hastet er dem vorwärts stürmenden Kompanietrupp nach.

„Die Tommys gehen zurück, Herr Hauptmann", ruft Oberjäger Mallmann und deutet nach Norden.

„Ja, ich sehe es auch!", antwortet Busch und fährt sich mit seiner verschmutzten Hand über das schwitzige Gesicht und danach in den Hemdkragen, der ihm plötzlich zu eng zu sein scheint.

„Sofort nachstoßen!"

Die Männer erheben sich wieder und hasten hinter den vorwärts rasselnden Panzern her.

Ihre Hände klammern sich um ihre Waffen. Sie blicken nicht zurück, denn sie müssen wieder einige gefallene oder schwer verwundete Kameraden zurücklassen.

Diese Entscheidungen sind hart und sehr bitter, doch es gibt keine Alternative.

Die Gedanken fliegen dem Hauptmann nur so durch den Kopf. Seine Verantwortung für seine Männer wiegt schwer.

Doch noch immer denkt er nicht an Kapitulation und Gefangenschaft. Noch hat er genug Munition – und sein Eid, den er und auch seine Männer geleistet haben, treibt ihn weiter voran.

In diesem Augenblick wünscht er sich, dass irgendjemand hier auftauchen würde und ihm die Entscheidung abnimmt.

Doch er weiß, dass niemand auftauchen wird.

Mit Mühe und Not gelingt es ihm, sich hinter einem der Tiger in Deckung zu werfen. Drüben beim Gegner blitzt es erneut dreimal hintereinander auf und die Granaten schlagen gegen die Frontpanzerung der deutschen Kampfpanzer. Glühend zischen sie als Abpraller in den Himmel.

„Vorsicht! Feindpak!", schreit Oberjäger Mallmann durch den Gefechtslärm und wirft sich ebenfalls blitzschnell in Deckung.

Im Abschussdonner der Kampfwagenkanonen gehen die weiteren Befehle der Fallschirmjäger unter.

Die Landser schieben sich dicht hinter den Panzern vorwärts – feuern zwischen den Lücken hindurch und gewinnen langsam an Boden.

„Auseinanderziehen!", schreit Busch, denn eine feindliche Maschinengewehrgarbe reißt eine ganze Gruppe seiner Männer zu Boden.

Vor seinen Augen wächst eine Feuerwand empor. Hauptmann Busch fühlt sich emporgehoben und zu Boden geschleudert. Für einige Sekunden verliert er das Bewusstsein und gleitet in einen Dämmerzustand hinüber, aus dem er nur schwer in die grausame Wirklichkeit zurückfindet. Stöhnend richtet er sich auf und bewegt vorsichtig seine Glieder. Als er

den Kopf hebt, schaut er in die fragenden Augen
von Leutnant von Rosenau.

„Alles in Ordnung, Herr Hauptmann?"

„Ich denke schon, von Rosenau", meint Busch mit
belegter Stimme.

„Nochmal Glück gehabt, wir müssen weiter!"

Die Panzer sind bereits etwa 60 Meter vorausge-
fahren. Die beiden Offiziere laufen taumelnd hinterher.

Plötzlich bleibt von Rosenau stehen und deutet
nach nordwestlicher Richtung.

„Feindpanzer aus den Flanken!"

„Verflucht nochmal. Das hat uns gerade noch ge-
fehlt!"

Ahnungslos schieben sich die am weitesten voran-
gekommenen Tiger an den amerikanischen Kampfwagen vorbei.

Hauptmann Busch stößt einen lauten Schrei aus,
der jedoch im Dröhnen der Explosionen untergeht.

In wenigen Sekunden stehen drei der mächtigen
Tiger-Panzer in hellen Flammen. Den amerikanischen Kampfwagen ist es gelungen, die schwächere
Seitenpanzerung der deutschen Tanks zu durch-
dringen. Nun schwenken die restlichen Tiger ein
und nehmen den Kampf auf.

Ehe der Hauptmann noch weiß, wie es geschieht,
wird er mit etwa 30 seiner Leute durch feindliche Infanterie, die nun von Norden angreift, von den Panzern abgedrängt.

Mit schreckengeweiteten Augen sieht er, wie seine
Lastkraftwagen mit Sprit und Munition donnernd
in die Luft fliegen.

„Aus", murmelt der Hauptmann verbissen vor
sich hin.

Doch die vorgehende feindliche Infanterie hat ihn und sein abgeschnittenes Häufchen anscheinend nicht entdeckt. Wenn er nach Westen bis zur Küste durchbrechen könnte, wäre es gut, aber dazu ist es momentan noch zu hell.

Also heißt es für den kleinen, verlorenen Haufen – abwarten.

Das Panzerduell entfernt sich immer mehr nach Nordwesten. Einzelne amerikanische Panzergranaten krepieren in der Nähe und gefährden seine kleine Truppe.

„Langsam absetzen!", befiehlt Busch und schiebt sich zurück.

Sein Blick fällt auf Leutnant von Rosenau und ein verzerrtes Lächeln huscht über sein verschmutztes Gesicht. Er ist der einzige Offizier, der ihm geblieben ist.

Vor ihnen schwenkt die feindliche Infanterie ebenfalls nach Nordwesten ab, um in den Rücken des Gros der deutschen Kampfgruppe zu gelangen. Langsam richtet sich Hauptmann Busch auf den Ellenbogen hoch und starrt zum Gegner hinüber. Dann wendet er sich um. Der Gefreite Haas sowie Leutnant von Rosenau liegen direkt hinter ihm. Etwas weiter entfernt der Obergefreite Pohl und Oberjäger Mallmann vom Kompanietrupp mit noch etwa zwei oder drei Gruppen. Ihre Gesichter sehen grau, erschöpft und eingefallen aus. Angst spiegelt sich in ihren Augen wider.

„Hoffentlich kommen wir hier noch einmal weg", zischt der Gefreite Haas in das Ohr des Hauptmanns.

„Ja – Hoffentlich", brummt dieser zurück.

Noch niemals zuvor in diesem Krieg ist er sich so hilflos und verloren vorgekommen wie jetzt.

Sein Blick schweift über den Himmel, denn deutlich ist das Brummen von Flugzeugmotoren zu hören.

„Amis!", ruft Leutnant von Rosenau und zeigt mit dem ausgestreckten Arm in die entsprechende Richtung.

„In Deckung bleiben!"

Von Rosenau nickt und wirft sich wieder auf den Boden.

Weiter vorn geht das Panzerduell anscheinend langsam zu Ende, denn nur noch das Brummen von Motoren klingt durch den heißen Sommertag. Dann verstummt auch dieses Geräusch.

„Was wird aus unseren Panzern und unserer Kompanie geworden sein?", murmelt der junge Leutnant.

Busch zuckt nur mit den Schultern.

„Vielleicht sollte man Schluss machen", meint Oberjäger Mallmann. „Sonst erwischt es uns am Ende auch noch."

„Schluss machen?"

Buschs Blick huscht über seine abgekämpften Männer und bleibt am Gesicht von Leutnant Alexander von Rosenau haften.

„Was meinen Sie dazu, von Rosenau?"

„Die Verantwortung tragen Sie, Herr Hauptmann."

Der Hauptmann muss trocken auflachen.

„Ja, natürlich – und die nimmt mir auch niemand ab."

Er steht auf und schaut über das Gelände.

„Nichts mehr zu sehen. Nur im Nordwesten stehen einige dunkle Rauchwolken. Anscheinend stammen sie von brennenden Panzerwracks."

Er hockt sich erneut hin.

„Wir warten hier bis zur Dämmerung. Dann versuchen wir wieder Anschluss an eigene Teile zu bekommen. Vorerst jedoch verschwindet jeder in volle Deckung!"

Die Männer verkriechen sich unter Sträuchern, Büschen und hinter kleinen Erdhügeln. Auch ein ausgetrockneter Bachlauf gibt ihnen vorerst gute Deckung. Als der Hauptmann vorsichtig durch die Umgebung schreitet, kann er seine Männer teilweise aus nächster Umgebung kaum erkennen.

Dann geht er neben Leutnant von Rosenau im Schatten eines kleinen Busches in Deckung.

„Einer von uns wird die Gegend ständig im Auge behalten müssen, von Rosenau!"

„Jawohl, Herr Hauptmann. Ich werde die erste Wache übernehmen!"

Busch wälzt sich auf die Seite und zwischen den halbgeschlossenen Augenlidern hindurch beobachtet er noch eine Weile den jungen Kameraden. Langsam sinkt die Sonne dem Horizont entgegen.

Die kleine Fallschirmjägergruppe um Hauptmann Busch ist nun seit einer halben Stunde wieder unterwegs. Dicht aufgeschlossen gehen sie von Deckung zu Deckung.

Immer wieder bleibt Busch stehen, beobachtet das Gelände und sichert nach allen Seiten.

„Nichts zu hören, Herr Hauptmann!", meint Oberjäger Mallmann.

„Weiter!"

Nur das Gras, das ihre Springerstiefel streift, rauscht leise. Es hat sich etwas abgekühlt, die Hitze des Tages war beinahe unerträglich. Auch die Gemüter der Landser haben sich wieder etwas beruhigt und schweigend zieht der verlorene Haufen weiter durch die Nacht.

„Halt!"

Busch hebt den rechten Arm und bewegungslos bleiben die Fallschirmjäger stehen.

„Was ist los, Herr Hauptmann?", meint der junge Leutnant.

„Licht!"

„Wo?"

„Etwa drei Daumenbreit rechts der einzeln stehenden Buschgruppe!"

„Was wird das wohl sein, Herr Hauptmann?"

„Ich weiß es nicht. Wir werden es aber bald erfahren – weiter vorwärts."

Die kleine Gruppe marschiert weiter soweit es den Männern möglich ist, ohne das geringste Geräusch zu erzeugen.

Das unbekannte Licht wächst förmlich mit jedem weiteren Schritt, den die Fallschirmjäger machen.

„Ist das ein Haus?"

„Nein, mehrere!", zischt der Kompaniechef.

„Also ein Dorf?", fragt der junge Leutnant aufgeregt.

„Möglich – vorsichtig weiter ran."

Busch geht geduckt weiter auf das Haus zu.

„Wie es aussieht, ist es noch nicht vom Feind besetzt", meint er zu dem hinter ihm gehenden Oberjäger Mallmann.

„Dann finden wir aber wahrscheinlich auch keine Kameraden, denn die werden wohl kaum so leichtsinnig sein und Festtagsbeleuchtung anmachen!", erwidert dieser bedrückt.

„Da hast du Recht, Mallmann!"

Busch dreht sich zu seinen Männern um und meint entschlossen: „Mallmann und ich gehen weiter vor und sehen nach, was es mit den Häusern auf sich hat. Der Rest bleibt hier in Deckung liegen. Für alle Fälle übernimmt Leutnant von Rosenau das Kommando, wenn ich nicht zurückkommen sollte. Alles klar?"

„Jawohl", kommt es gepresst aus dem Mund des jungen Leutnants.

Schon machen sich Hauptmann Busch und Oberjäger Mallmann auf den Weg und verschwinden im Dunkel der Nacht.

Mallmann deutet auf das Licht und flüstert: „Es kommt eindeutig aus einem der Fenster, Herr Hauptmann!"

„Richtig, aber wir müssen trotzdem noch näher heran, um mehr zu erfahren."

Ohne Zwischenfälle gelingt es den beiden *Hermann Göring*-Männern an das Haus heranzukommen. Vorsichtig schieben sie sich an der weiß gestrichenen Mauer entlang. Busch blickt durch das hell erleuchtete Fenster. Erschrocken springt er sofort wieder zurück.

„Amerikaner!", flüstert er aufgeregt zu Mallmann.

„Verflucht, wie viele?", ist die unterdrückte Frage des Oberjägers.

„Etwa 13 bis 15 Mann würde ich grob schätzen."

„Was nun?"

„Nun werden wir erstmal feststellen, ob nicht noch mehr dieser Brüder in der Nähe sind. Warte hier, ich gehe schnell vorn herum und schaue nach."

Lautlos schleicht Busch nun um das Haus herum und er erkennt nun, dass es sich keineswegs um ein Dorf handelt, wie es die Männer zuerst angenommen hatten, sondern um einen Bauernhof mit mehreren Ställen, Scheunen, Wirtschaftsgebäuden und einem Wagenschuppen.

Rasch huscht der Offizier wieder zurück.

„Mallmann, hol die anderen nach. Auf dem Hof stehen drei amerikanische Lastwagen. Wie ich gesehen habe, einer mit mehreren Antennen!"

„Also eine Funk- oder Stabsstelle?"

„Kann sein, ich vermute es auch. Also beeilt euch – aber leise!"

Unerträglich langsam vergeht die Zeit. Busch weiß, dass Mallmann keinesfalls in weniger als 20 Minuten wieder hier sein kann.

Noch immer ist er vollkommen überrascht von der Tatsache, dass die Amerikaner keine Posten aufgestellt haben. Er beschließt kurzerhand, dass er nochmal einen Blick auf den Gutshof werfen wird. Wieder schleicht er nahezu lautlos vorwärts und um das Haus herum. Mit äußerster Vorsicht blickt er nun um die Ecke des Hauses und – ihm stockt der Atem. Keine vier Schritte entfernt steht ein amerikanischer Soldat und raucht in aller Ruhe eine Zigarette.

Sofort schnellt er zurück.

„Wenn er auf die Idee kommt, um die Ecke zu laufen, dann muss ich handeln", überlegt der Hauptmann und presst sich noch enger an die Hauswand.

Doch der Posten schlendert gemächlich über den Hof. Dabei pfeift er halblaut eine dem Deutschen unbekannte Melodie. Einen Augenblick lang bleibt er an einem der amerikanischen Lastkraftwagen stehen. Dann kommt er wieder näher. Jedes Mal, wenn er an seiner Zigarette zieht, beleuchtet die Glut das Gesicht des Amerikaners.

Als der Posten wieder kehrtmacht und sich entfernt, huscht Busch wieder zurück zum vereinbarten Treffpunkt und hockt sich wieder auf den Boden.

Der Hauptmann muss noch gut und gerne fünf qualvoll lange Minuten warten, bis Mallmann die übrigen Männer herangeführt hat.

„Leutnant von Rosenau, Sie übernehmen die Hälfte der Männer und gehen links. Ich nehme die andere Hälfte und gehe rechts um das Haus herum. Es wird nicht geschossen. Größte Ruhe, verstanden?"

„Jawohl!"

„Auf dem Hof patrouilliert ein Posten, den übernehme ich allein, dann dringen wir in das Haus ein. "

„Geht in Ordnung!"

„Dann los!"

Busch hängt sich die Maschinenpistole auf den Rücken und setzt sich an die Spitze seiner kleinen Gruppe. Die Erregung hat ihn wieder fest im Griff – so wie es immer ist, wenn er sich auf ein gewagtes Unternehmen einlässt.

Sichernd blickt er um die Ecke. Der Amerikaner kommt gerade auf ihn zu. Noch zehn, noch fünf Schritte und dann dreht er sich wieder sichtlich gelangweilt um. In diesem Augenblick spritzt Busch hoch und hechtet den Gegner an. Seine Hände legen sich wie Schraubzwingen um den Hals des Feindes. Nach kurzer Zeit erschlaffen dessen Hände und Busch spürt keinerlei Gegenwehr mehr.

„Fromm, Sie bleiben bei ihm und stellen sicher, dass er keine Dummheiten macht, wenn er wieder zu sich kommt!"

Vor der großen Eingangstür zum Haus stoßen die beiden Gruppen wieder aufeinander. Busch legt vorsichtig sein Ohr an die Tür, um zu lauschen.

„Sie unterhalten sich da drinnen ganz ungeniert."

„Wie wollen wir die Amis hops nehmen?", fragt nun Leutnant von Rosenau.

„Wir stoßen einfach die Tür auf und dann werden wir ja sehen, wie sie reagieren."

Mit einem Ruck stößt Hauptmann Ottfried Busch die Tür auf. Ein langer, dunkler Gang liegt vor ihnen. Durch die Ritzen einer Tür, welche nur angelehnt ist, dringt schwacher Lichtschein. Es ist gerade so viel, dass der Flur schwach beleuchtet wird.

Sie huschen so leise wie möglich über den Gang. In diesem gefährlichen Augenblick scheint er kein Ende nehmen zu wollen.

Schließlich steht Busch jedoch vor dem Raum, aus dem das Licht dringt.

Er nimmt die Maschinenpistole vom Rücken und stößt die Tür mit voller Wucht auf.

„Hands up!"

Die Amerikaner sind komplett überrumpelt. Sie starren wie versteinert in die Mündungen der auf sie gerichteten Waffen der Deutschen.

Einer der Männer, die um einen kleinen Holztisch herumsitzen, wollte gerade einen kleinen Happen zu sich nehmen und erstarrt in der Bewegung. Ein anderer schüttet den vor ihm stehenden Becher so lange voll, bis er überläuft und die Flüssigkeit den Tisch hinuntertropft.

An Hauptmann Busch vorbei drängen nun die übrigen Fallschirmjäger in den Raum.

Ohne sich umzudrehen, befiehlt Busch: „Leutnant von Rosenau, sichern Sie den Hof mit zwei Gruppen, der Rest bleibt bei mir!"

Nun endlich erwachen die amerikanischen Soldaten aus ihrer Erstarrung. Sie mustern die deutschen Fallschirmjäger mit einer gewissen Neugier, aber auch Furcht.

Oberjäger Jacob Mallmann sammelt schnell die herumliegenden Waffen ein und wirft sie auf einen Haufen im Flur.

„Einzeln untersuchen!“, befiehlt Busch mit harter, befehlsgewohnter Stimme.

Nun stehen die Amerikaner mit angstgeweiteten Augen auf und stellen sich vor eine der Wände.

Einer von ihnen tritt schließlich hervor und meint in einem guten Schuldeutsch: „Ich bin amerikanischer Offizier! Ich appelliere an das Völkerrecht! Wir…“

„Ruhe! Haben Sie etwa Angst, dass wir Sie erschießen?“

„No, nur wir…“

„Dann seien Sie lieber ruhig! Wir sind keine Mörder!“

Oberjäger Mallmann kommt, nachdem er den letzten Amerikaner durchsucht hat, zum Hauptmann und meint leise zu diesem: „Wir hätten den Bauernhof vielleicht besser umgehen sollen.“

„Vielleicht – aber wir brauchen auch etwas zu essen und zu trinken! Wo sollen wir es sonst herbekommen?“

„Stimmt auch wieder“, ist die kurze Antwort des Oberjägers.

Er winkt einige Soldaten heran.

„Seht zu, dass ihr hier irgendetwas zu essen findet!“

Die Männer laufen los und schon nach kurzer Zeit kommen sie mit einigen Seiten geräuchertem Speck, einer großen Kiste Kartoffeln, einigen Spaghetti und einigen eingelegten Eiern wieder.

Der Obergefreite Pohl und der Gefreite Haas machen sofort ein Feuer in der großen Küche. Schon nach einer dreiviertel Stunde sitzen die Deutschen abwechselnd am Tisch und können sich satt essen. Auf den amerikanischen Studebaker-Lastwagen finden sie einige Pakete mit amerikanischen Zigaretten, Keksen und Kaugummi. Sogleich werden diese Sachen gleichmäßig unter den Landsern verteilt.

Nachdem die überfallenen Amerikaner bereits in den großen Keller gesperrt wurden, lässt Busch auch die Lastkraftwagen zerstören.

„Was wird aus den Amerikanern, Herr Hauptmann?", meldet sich Leutnant von Rosenau zu Wort.

„Wenn sich diese Funkstelle nicht meldet, dann werden die Amis nachsehen kommen und verhungern werden sie nicht so schnell", erwidert der Hauptmann.

„Aber es scheint mir doch recht merkwürdig, dass diese Funkstelle hier so allein herumsteht. Wenn zumindest eine weitere Einheit oder wie zuerst angenommen ein Stab hier liegen würde – aber so? Das ergibt doch keinen Sinn."

Von Rosenau schüttelt nachdenklich den Kopf. Hauptmann Busch muss dem jungen Leutnant Recht geben.

„Vielleicht will sich ein Stab hier erst einrichten und deshalb haben sie die Funkstelle schon mal vorausgeschickt?"

Der Kompaniechef winkt Oberjäger Mallmann heran.

„Holen Sie den gefangenen Offizier noch einmal herauf!"

Wenige Minuten später steht der amerikanische Offizier vor dem deutschen Hauptmann.

„Was war ihre Aufgabe hier?"

„Eine Funkstelle aufbauen, Sir."

„Für wen?"

Der Amerikaner schweigt.

„Jetzt reden Sie schon!"

Der gefangene amerikanische Offizier räuspert sich verlegen.

„Würden Sie in meiner Lage solch eine Auskunft geben, Sir?"

„Dieses Thema steht jetzt nicht zur Debatte – geben Sie mir Ihre Papiere!"

Zögernd gibt der Offizier dem Deutschen die geforderten Unterlagen. Doch so viel Busch darin auch herumsucht, er kann nichts Entsprechendes finden. In den Papieren findet er nur persönliche Daten.

Also versucht er es mit einer anderen Strategie.

Ins Blaue hinein fragt er den amerikanischen Offizier: „Sie gehören also zu einer Fallschirmjägereinheit?"

Der Amerikaner sieht ihn verwundert an: „No, Sir, Panzerdivision."

Ohne von den Papieren aufzuschauen, fragt Busch weiter.

„Wo liegt Ihre Division im Augenblick?"

Der Amerikaner scheint sich nun ein Lächeln nur schwer verkneifen zu können.

Busch merkt, dass er auf normalem Weg keine wichtigen Informationen aus dem Amerikaner herausbekommen wird.

„Danke, Sie können gehen!"

Mallmann bringt den Offizier wieder zurück in den Keller.

Der Hauptmann sagt zu seinen Männern: „Ich habe den Eindruck, als ob dieser Mann auf eine baldige Befreiung spekuliert. Wir müssen also machen, dass wir von hier wegkommen, um nicht selbst kassiert zu werden. Also packt eure Sachen und dann…"

In diesem Augenblick reißt ein Landser die Tür auf: „Amis! Die Amis kommen auf der Straße angefahren. Mindestens 20 Lastwagen!"

„Tempo! Dann weg hier!"

Sie sammeln schnellstmöglich hinter der Scheune. Busch stellt rasch fest, dass keiner seiner Männer fehlt. Dann huschen sie zu den Maislagern am anderen Ende des Geländes hinüber. Im selben Augenblick rollen die ersten amerikanischen Fahrzeuge auf den Hof des Bauerngutes.

„Ein Divisionsstab", flüstert von Rosenau.

„Wenn wir den kassieren könnten, das wäre ein Ding", setzt er hinzu.

„Warte erstmal ab. Ich will zuerst sehen, wie viele Fahrzeuge es überhaupt sind!", zischt Busch.

Aus den Pkw, Jeeps und Lastwagen klettern die amerikanischen Soldaten hinaus und vertreten sich zuerst einmal die Beine.

Es sind um die 40 bis 50 Mann.

„Von Rosenau, Mallmann!"

Die beiden Männer antworten wie aus einem Mund: „Herr Hauptmann?"

„Was sagen Sie, wollen wir es wagen?"

Es ist der Leutnant, der zuerst antwortet: „Das wird aber nicht lautlos vonstattengehen, Herr Hauptmann!"

„Egal!"

„Machen wir es!", meint Mallmann und entsichert seine Waffe.

„Und wie?", fragt von Rosenau.

Kurz überlegt Hauptmann Busch, bevor er meint: „Wir brechen feuernd ein. Mal sehen, wie viel Gegenwehr dann noch kommt und wer an Widerstand denkt! Unterrichten Sie die restlichen Männer, Mallmann!"

Doch kaum hat der Hauptmann die Worte beendet, da hören die Deutschen erneut laute Motorengeräusche.

„Wir müssen weg! Eine weitere Wagenkolonne kommt gerade an!"

„Ja, nichts wie weg!", entscheidet nun auch Busch.

Sie hetzen in die Nacht hinein und sind schon bald verschwunden, noch bevor die zweite Gruppe der Amerikaner den Gutshof erreicht.

Die deutschen Fallschirmjäger marschieren bis kurz vor Morgengrauen. Schon sehen sie, dass sich ein schmaler, heller Streifen am Horizont abbildet.

Fieberhaft überlegt Busch, wo sich seine kleine Gruppe den Tag über verstecken könnte, denn es ist ihm vollkommen klar, dass ein Weitermarsch am helllichten Tage viel zu riskant ist.

Schon will er sich dazu entscheiden, den Tag wieder im halbhohen Gras zu verbringen, da schält sich aus der heller werdenden Dunkelheit ein kleines Haus heraus.

Vorsichtig überprüfen die Landser, ob das Haus nicht auch wieder von den Amerikanern besetzt ist.

Doch diesmal deutet nichts darauf hin, dass der Feind bereits in der Nähe ist.

Also entscheidet Hauptmann Ottfried Busch, dass sie in das Haus eindringen werden.

Im Haus ist nur eine dreiköpfige Familie anwesend. Durch das plötzliche Eindringen werden sie aus dem Schlaf gerissen.

Doch schnell wird den Italienern klar gemacht, dass die deutsche Gruppe hier nur den Tag verbringen will.

Die junge Sizilianerin gibt in einem gebrochenen Deutsch zu verstehen, dass sie zwei Jahre lang als Arbeiterin in einem Rüstungskonzern tätig war.

Dies macht die Verständigung für die Deutschen um ein vielfaches einfacher.

Die kleine italienische Familie ist noch ärmer dran, als die deutsche Kampfgruppe. Besonders Essen ist Mangelware und vor allem das kleine, etwa einjährige Kind leidet besonders darunter.

Obwohl die Fallschirmjäger selbst wenig haben, legen sie zusammen, um der Familie ihr Los etwas zu erleichtern.

Am Ende kommt eine Packung Knäckebrot, eine Büchse Schmalz, eine Dose Kunsthonig, etwas Butter und ein halbes Kommissbrot zusammen.

Der jungen Frau stehen die Tränen im Gesicht und der Mann bedankt sich überschwänglich bei den deutschen Fallschirmern.

„Zum Kotzen dieser Krieg, er führt dazu, dass die Menschen nun schon um etwas Nahrung betteln müssen", denkt sich der Hauptmann im Stillen.

Der Tag vergeht ohne Zwischenfälle. Das kleine Haus liegt weit nördlich der Hauptverkehrsstraße – unwahrscheinlich, dass alliierte Truppen auftauchen werden.

Dennoch können die Deutschen die hereinbrechende Nacht kaum erwarten.

Sobald es dunkel ist, brechen sie wieder auf.

Wortlos marschieren sie durch die Gegend. Von Zeit zu Zeit bleibt Hauptmann Busch stehen und lauscht angestrengt. Doch kein verdächtiges Geräusch dringt an sein Ohr.

Die Stunden vergehen langsam und schleichend.

„Vorsicht! Eine Brücke voraus! Ich kann auch mindestens zwei Posten erkennen!", zischt Leutnant von Rosenau plötzlich.

Sofort verschwinden die Männer wieder im halbhohen, trockenen Gras.

Busch beobachtet die Brücke mit seinem Zeiss-Glas. Tatsächlich kann er zwei Posten erkennen. Doch glücklicherweise scheinen auch diese ihre Aufgabe nicht allzu genau zu nehmen. Beide haben Zigaretten im Mund, stehen am diesseitigen Ende der Brücke und scheinen miteinander zu reden.

Wieder sind es Busch, von Rosenau, Fromm und Mallman, die sich beinahe geräuschlos zur Brücke pirschen, um die beiden Posten zu überwältigen.

Nach einigen Minuten sind sie nahe genug. Die Männer haben sich in zwei Gruppen aufgeteilt, um die beiden Posten rechts und links angehen zu können.

Dann springen die vier Deutschen urplötzlich aus dem hohen Gras mit vorgehaltenen Waffen hervor. Erneut gelingt es den Männern ihren Feind zu überraschen.

Die Posten sind so perplex, dass sie zu keiner Gegenwehr im Stande sind.

Mallmann sammelt schnell die Waffen der beiden Amerikaner ein und schon rücken die restlichen Truppen nach.

Sofort setzen die Fallschirmjäger über die Brücke. Die beiden Gefangenen werden mitgeführt. Im Gegensatz zum Tage, wird es in der Nacht nun empfindlich kühl. Die beiden Amerikaner hüllen sich mehr in ihre Mäntel. Von Zeit zu Zeit fluchen sie halblaut vor sich hin.

Die Gruppe marschiert nun dicht neben der Küstenstraße entlang, die sie vor einer knappen Viertelstunde erreicht haben. Immer wieder fahren Lastkraftwagen mit abgeblendetem Licht vorüber und jedes Mal gehen die Deutschen sofort in Deckung.

„Wenn nur der verdammte Hunger nicht wäre", meint Leutnant von Rosenau unterdrückt zum Hauptmann.

„Mein Magen beginnt schon zu revoltieren."

„Ja, irgendwie müssen wir wieder etwas zu essen organisieren", pflichtet Busch dem jüngeren Offizier zu und schaut gedankenverloren auf das weite Meer hinaus, dessen glitzernde Fläche seitlich von ihnen liegt.

Die Nacht zieht sich immer quälender in die Länge und die Fallschirmjäger schleichen beinahe schon automatisch weiter.

Wieder zwingt sie eine lange Artilleriekolonne der Amerikaner in Deckung. In unaufhörlicher Reihenfolge poltern die Lastkraftwagen mit angehängten Geschützen vorbei. Dazwischen immer wieder Lastwagen mit Munition und Jeeps. Auch Motorräder jagen in wildem Zickzack durch die Kolonne.

Weit oben im Himmel dröhnt wieder das Geräusch von Flugzeugmotoren.

„Dort!"

Mallmann deutet mit ausgestrecktem Arm nach Westen.

Der dunkle Schatten einer einzelnen Maschine huscht nun über die leere Straße. Es sieht so aus, als ob die Tragfläche des Flugzeuges die Erde berühren will, doch sie richtet sich wieder auf und dann schlägt doch der Rumpf auf die Erde auf. Rumpelnd und schabend rutscht das Flugzeug direkt auf Busch und seine Männer zu.

Die Fallschirmjäger rennen auseinander, werfen sich nieder und warten darauf, dass die Maschine explodiert. Aber nichts dergleichen passiert. Die Bauchlandung scheint glatt vonstattengegangen zu sein.

Busch und von Rosenau klettern auf die beschädigte Maschine. Ein halbblautes Stöhnen dringt ihnen entgegen.

Vier deutsche Flieger und zwei Nachrichtenhelferinnen sind in der beengten Kabine. Die Fallschirmer tragen sie nach und nach ins hohe Gras.

Als erstes schlägt ein Oberleutnant die Augen auf.

„Wo bin ich?"

„Notgelandet, bei Kameraden!"

Erleichtert senkt sich sein Kopf wieder in das kühle Gras: „Dann ist ja gut. Aber wo sind die anderen – die beiden Mädchen?"

„Ebenfalls geborgen."

Der Oberleutnant stöhnt leise auf.

„Wir waren die letzten, die von Enna aus wegkamen. Plötzlich waren die amerikanischen Panzer auf dem Platz und haben alles zusammengeschossen. Wir kamen noch weg, wurden aber beschossen. Den Rest der Geschichte haben Sie ja selbst gesehen."

Busch nickt. Dann sieht er nach den anderen Besatzungsmitgliedern. Niemand, auch nicht die beiden Mädchen scheint ernsthaft verletzt zu sein.

„Bitte bringen Sie uns zurück!", bittet eines der Blitzmädchen.

„Das ist leichter gesagt als getan", knurrt Busch leise. „Wir sind schließlich selbst Versprengte!"

Die Luftwaffenhelferin lässt sich zurücksinken und beginnt zu weinen.

Busch sieht ratlos zu Leutnant von Rosenau. Dieser blickt ebenso ratlos drein.

„Nun müssen wir uns auch noch um die kümmern. Als ob unsere Situation nicht schon beschissen genug wäre", flüstert Busch ihm leise ins Ohr.

Zum Glück können alle Besatzungsmitglieder gehen.

Stunde um Stunde marschiert der Haufen Versprengter nach Norden. Als der Morgen graut, suchen sie Zuflucht in einem kleinen Olivenhain.

Der Karte nach sind sie nur fünf oder sechs Kilometer weit vorangekommen.

Auch von ihrer jetzigen Position kann Busch die Küstenstraße gut überblicken.

Immer wieder ziehen amerikanische Truppen über die Straße nach Norden und der Donner von Geschützen wird immer deutlicher.

„Den Geräuschen nach zu urteilen, müssen in der Nähe doch noch deutsche oder italienische Truppen stehen", meint der Hauptmann.

Ängstlich beobachtet eines der Blitzmädchen den hochgewachsenen Offizier mit dem schmutzigen, unrasierten Gesicht.

„Machen Sie sich etwa unseretwegen Gedanken, Herr Hauptmann?"

Busch kratzt sich am Kinn und meint gedankenverloren: „Um ehrlich zu sein, ja. Ohne Sie wäre es weitaus weniger gefährlich. Wir Soldaten sind einiges gewöhnt, aber Ihre Anwesenheit macht unsere Lage schwieriger. Ich überlege tatsächlich, mich mit meinen Männern und Ihnen beim nächsten feindlichen Wachposten zu melden."

„Wegen uns sollten Sie das ganz gewiss nicht machen. Wir werden Ihnen bestimmt nicht zur Last fallen, Herr Hauptmann!"

Busch zuckt nur mit den Schultern, dann ruft er: „Mallmann, Fromm, Haas, kommt mal her!"

Der Hauptmann deutet auf die Karte.

„Hinter diesem Höhenrücken muss Pavona liegen. Links davon sind einige Häuser eingezeichnet. Wollen wir mal losgehen und nachschauen, ob es dort etwas zu essen für uns gibt?"

„Jawohl, Herr Hauptmann!", ist der einstimmige Tenor.

„Sehr gut. Von Rosenau, Sie übernehmen solange das Kommando. Passen Sie auf, dass niemand irgendwelche Dummheiten unternimmt!"

„Geht in Ordnung, Herr Hauptmann!"

Kurz darauf schleichen die vier Männer durch das meterhohe Gras. Auf dem Höhenrücken angekommen, orientiert sich Busch kurz.

„Wir haben Glück gehabt. Die Häuser befinden sich am jenseitigen Hang, keine 150 Meter unter uns. Kommt rauf und schaut es euch an."

„In der Tat", knurrt Mallmann, „und das dort vorn wird wohl Pavona sein."

Die heiße Luft flimmert, von Norden dröhnt der Donner der Kanonen herüber und draußen auf See tauchen Schiffe auf.

„Scheint eine Landungsflotte zu sein."

„Sieht so aus, als planen sie wieder eine Landung an der Küste, Herr Hauptmann. Da steht uns ja noch allerhand bevor."

Danach wenden sie ihre Aufmerksamkeit wieder den Häusern unten am Hang zu. Aber zu ihrer größten Verwunderung sehen sie keine Menschen bei den Häusern, deren Fensterläden aus den Angeln hängen und deren Scheiben völlig zersplittert sind. Im Schutz einer Heckenreihe pirschen sie sich tiefer, ruhen sich hinter einem Holzstapel einen Augenblick aus und huschen dann in das erste Haus. Erst jetzt erkennen sie, dass das Haus mit Artillerie beschossen wurde.

„Los, in den Keller!", befiehlt Busch.

Ihr Suchen wird belohnt. Sie finden eingemachtes Obst, Fleisch, Marmelade und Kartoffeln. Fromm schleift eine Milchkanne herbei, öffnet die Gläser und schüttet die Früchte hinein.

Busch stopft das ganze Fleisch in einen großen Henkelkorb und Mallmann wirft sich den Kartoffelsack über die breite Schulter.

„Jetzt aber nichts wie weg!"

Sie keuchen unter ihrer Last den Berg hinauf und erreichen unangefochten die Kameraden.

Nach dem einfachen Essen wird das entfachte Feuer wieder schnellstens gelöscht und die Männer strecken sich im Gras aus.

Erst als es langsam dunkelt, bemerken die Deutschen das Fehlen der beiden Amerikaner.

„Schöne Sauerei!", meint Busch wütend. „Jetzt müssen wir aber schleunigst verduften! Die beiden werden uns ihre Kameraden auf den Hals hetzen!"

Doch als sie sich erheben wollen, bemerken sie entsetzt, dass es bereits zu spät ist – eine amerikanische Infanteriekompanie marschiert in einem großen Halbkreis auf sie zu.

„Verdammt, hat keinen Zweck mehr!"

Busch lässt resignierend die Arme sinken. Hauptsächlich denkt er dabei an die beiden Nachrichtenhelferinnen. Gegen diese Übermacht haben sie keine Chance.

Das schelmische, selbstgerechte Grinsen des einen Amerikaners, der vor einigen Minuten noch der Gefangene der Fallschirmjäger war und nun neben einem amerikanischen Captain herläuft, stößt Busch sauer auf.

Dennoch wirft er seine Maschinenpistole vor die Füße des amerikanischen Offiziers.

„Danke, Herr Hauptmann."

„Wofür, Mallmann?"

„Dafür, dass Sie ein sinnloses Blutvergießen verhindert haben!"

Die deutschen Fallschirmjäger formieren sich und marschieren nun unter amerikanischer Bewachung über die Straße nach Pavona hinein. In einem Schulzimmer werden die Fallschirmer eingesperrt. Leutnant von Rosenau hockt sich neben den Hauptmann auf den Boden des Klassenraumes.

„Warum haben Sie kapituliert, Herr Hauptmann?"

„Weil es in dieser Situation das Beste für uns alle war. Sie hätten uns innerhalb kürzester Zeit zusammengeschossen, ohne dass wir irgendetwas damit erreicht hätten."

„Und was nun?"

Hauptmann Ottfried Busch strafft sich merklich.

„Ich für meinen Teil werde mich bei der erstbesten Gelegenheit empfehlen. Darauf können Sie sich verlassen."

„Gut, ich mache mit!"

Sie reichen sich die Hand und Hauptmann Busch fügt hinzu: „Nun weiß ich wenigstens, dass die beiden Mädchen und meine Männer in Sicherheit sind. Um uns beide mach ich mir keine Sorgen. Wir werden schon irgendwie durchkommen."

„Haben Sie schon irgendwelche Vorstellungen, wie das Vorhaben aussehen soll?"

„Nein, noch nicht", ist die kurze Antwort von Busch, „aber mir wird bei passender Gelegenheit schon etwas einfallen. Lass es erstmal dunkel werden."

Gegen Abend unterrichtet Busch noch Oberjäger Mallmann über seinen Fluchtgedanken. Auch dieser ist sofort dabei.

„Wann wollen wir abhauen, Herr Hauptmann?"

„Gegen Mitternacht werden wir klopfen und den Posten hereinbitten. Dann wird er überwältigt – und wir verschwinden!"

„Gut, ich werde die Männer darüber unterrichten."

Träge vergeht die Zeit bis zum geplanten Ausbruch.

Kurz nach Mitternacht erhebt sich Busch und geht an die Tür.

Mit beiden Fäusten hämmert er dagegen, bis eine Stimme fragt: „Was ist los bei euch?"

„Hier ist jemand krank! Wir brauchen einen Doktor!

„Okay!"

Schritte entfernen sich und mit angehaltenem Atem warten die Männer, was weiter geschieht. Nach ungefähr zehn Minuten erschallen wieder Schritte. Das Schloss knackt. Licht fällt in das Zimmer und drei Männer betreten den Klassenraum. Einer der Männer, anscheinend der Arzt, sieht sich suchend um.

„Wer ist hier krank?"

„Ich!"

Busch schiebt sich vor, mustert aus dem Augenwinkel heraus die beiden bewaffneten Posten neben der Tür. Dann spielt sich alles in Sekunden ab.

Die Posten sowie der Arzt werden überwältigt, gefesselt und geknebelt. Ehe sie begriffen haben, was überhaupt passiert ist, liegen sie schon auf dem Boden in einer Ecke des Raumes. Schwer atmend steht Busch an der Tür und lauscht hinaus.

Einige Männer schieben sich zu dem Offizier.

„Wir wollen auch mit, Herr Hauptmann!"

„Gut, macht euch fertig!"

Drei Pistolen, zwei Seitengewehre, zwei Maschinenpistolen und einige Handgranaten können sie den überwältigten Amerikanern abnehmen. Dazu noch genügend Munition für die Feuerwaffen.

Mit kurzem Gruß verabschieden sich die Männer von den zurückbleibenden Kameraden und schleichen nach draußen.

Auf der Dorfstraße stehen in langer Reihe amerikanische Jeeps und andere Fahrzeuge.

„Einen der Jeeps sollten wir uns schnappen", flüstert Leutnant von Rosenau.

„Die Idee ist wirklich gut."

Busch beobachtet den Posten, der mittig der Dorfstraße steht und die Fahrzeuge bewacht.

„Ob der weiß, dass der Arzt zu uns gerufen wurde?"

„Das glaube ich kaum, Herr Hauptmann."

Zu fünft laufen sie hinter den Fahrzeugen die Straße hinauf.

Der Schotter knirscht laut unter den Schritten des Wachpostens. Jetzt bleibt er – nur wenige Meter vor den Deutschen – mitten auf der Straße stehen und blickt zum Schulhaus hinüber.

„Ob der misstrauisch geworden ist?", flüstert Mallmann.

„Ich schnapp ihn mir. Ihr passt auf, dass nichts dazwischen kommt!", zischt Busch entschlossen.

Der Posten dreht sich wieder um und präsentiert dem Hauptmann somit seinen Rücken. Schon springt Busch mit einem gewaltigen Satz auf den Amerikaner. Durch den Schwung des Sprunges wird der Posten zu Boden gerissen. Noch ehe er einen Laut von sich geben kann, wird er durch einen gezielten Schlag außer Gefecht gesetzt. Wieder wechselt eine Maschinenpistole den Besitzer und der bewusstlose Wachposten wird noch weiter durchsucht. Auch ein Reservemagazin wandert in die Tasche eines Knochensacks und ebenso zwei Eierhandgranaten.

„Los, nehmt den ersten Wagen und noch zwei Reservekanister von den beiden nächsten Fahrzeugen!"

Die Halterungen der Kanister rasten klickend aus und die Kanister verschwinden hinten im ersten Jeep. Sie haben Glück, der Geländewagen springt sofort an. Busch schaltet und tritt das Gaspedal durch. Mit durchdrehenden Reifen geht er in die nächste Kurve, sieht die Straße leer vor sich liegen und rast mit Vollgas aus dem Dorf.

Nun gilt es einzig und allein, so schnell wie möglich eine möglichst große Anzahl von Kilometern zurückzulegen, um einen größtmöglichen Abstand zwischen sich und den gegnerischen Truppen zu erreichen.

Am Ortsausgang, wo die Küstenstraße weiter nach Norden verläuft, springt ein amerikanischer Soldat auf die Straße und winkt mit beiden Händen.

„Du kannst mich mal gern haben", knurrt Busch und jagt dicht an den gegnerischen Soldaten vorbei. Sie tragen immer noch ihre deutschen Fallschirmjägerhelme, da diese randlos geschnitten sind, haben sie eine gewisse Ähnlichkeit zu den amerikanischen Stahlhelmen.

„Eigentlich hätten wir den Amerikanern die Uniform klauen sollen", ruft Leutnant von Rosenau gegen den Fahrtwind.

„Damit wir, wenn wir wieder geschnappt werden, gleich als Spione erschossen werden?", schreit Busch zurück.

Mallmann und die beiden anderen, die sich der Flucht angeschlossen haben, werden hinten im Jeep ordentlich durchgeschüttelt.

Die Landser sind nun schon eine Viertelstunde unterwegs und von etwaigen Verfolgern ist noch nichts zu entdecken.

Einige Kilometer weiter schiebt sich ein kleines Wäldchen fast bis an die Küste heran, dahinter liegt ein freier Steilhang. Kurz entschlossen fährt Hauptmann Busch in einen Seitenweg und bremst.

„Was soll das bedeuten, Herr Hauptmann?"

„Der Wagen muss verschwinden! Und zwar spurlos, denn wir können ihn nicht irgendwo stehenlassen. Wird er dann von den Amerikanern entdeckt, wissen sie, wie weit wir gekommen sind. Ich werden ihn hier über den Steilhang ins Meer rollen lassen."

„Verstehe!"

„Los, schnappt eure Sachen, dann geht's weiter. Mallmann, stellen Sie unterdessen fest, ob der Wagen Spuren hinterlassen hat. Wenn ja, dann verwischen Sie diese so gut wie möglich."

Busch hebt die Motorhaube hoch, verklemmt den Vergaser, so dass der Motor aufheult, dann drückt er die Kupplung hinunter, schiebt den Gang hinein und mit einem Satz springt der Jeep vorwärts. Busch wirft sich seitwärts in den Sand, rollt ab und kommt schnaufend wieder hoch. Er kann gerade noch sehen, wie der Wagen im Wasser verschwindet.

Hintereinander laufen die Männer am Wald entlang, nach allen Seiten sichernd, die Zeigefinger an den Abzugsbügeln der amerikanischen Maschinenpistolen.

Einige Zeit später erreichen sie den Nordrand des kleinen Wäldchens. Busch bleibt stehen. Vor ihnen brüllen schwere Abschüsse auf. Lange Feuerblitze zucken durch die Dunkelheit. Der Hauptmann deutet auf eine amerikanische Langrohrkanonenbatterie.

„Hm", von Rosenau wiegt den Kopf hin und her, „die schießen bestimmt 20 Kilometer damit!"

„Möglich, also werden es bis zur Front – wenn eine solche überhaupt noch besteht – mindestens noch 10 bis 15 Kilometer sein."

„Und jetzt?"

„Zunächst einmal volle Deckung hier im Wald und eine kurze Rast. Wer hat noch etwas zu essen?"

„Ich hab noch etwas Schokolade von den notgelandeten Fliegern."

Leutnant Alexander von Rosenau holt eine runde Schachtel mit Schokolade aus seiner Uniformtasche.

„Und ich noch ein Päckchen Knäckebrot", meint einer der beiden anderen Landser.

Hauptmann Ottfried Busch legt noch eine Schachtel Zigaretten dazu.

„Das ist alles. Es wird genau in fünf Teile verteilt."

Es ist verteufelt wenig, was jeder in die Hand gedrückt bekommt. Außerdem werden alle vom Durst geplagt. Aber sie hoffen, beim Weitermarsch auf einen Bach zu stoßen, an dem sie sich erfrischen können.

Hart rollen vor ihnen die Abschussdetonationen über die Ebene und dann scheint plötzlich die Hölle los zu sein, denn in weitem Umkreis beginnen weitere schwere Batterien zu feuern. Aber sie können nicht erkennen, ob es sich um das Vorbereitungsfeuer eines amerikanischen Angriffs oder um die Abwehr eines deutschen Gegenangriffs handelt.

So liegen sie den ganzen Tag in dem Wäldchen und warten ab, um in der kommenden Nacht über die freie Fläche zu wechseln. Aber noch ehe die Sonne hinter dem westlichen Horizont verschwindet, springen Granateinschläge auf. Irgendwo müssen italienische oder deutsche Batterien stehen, die nun das Feuer erwidern, schwächer zwar, aber immerhin. Als die ersten Granaten im Wäldchen detonieren, pressen sich die fünf Landser an die warme Erde. Letztendlich erfasst das Gegenfeuer auch die vor ihnen in Stellung liegenden schweren Batterien der Amerikaner. Mitten in der auseinandergezogenen Stellung schlagen die Granaten ein. Munitionsstapel explodieren unter donnerndem Getöse.

Busch blickt durch die Bäume und sieht, wie die feuerrote Sonne nun langsam hinter dem Horizont verschwindet. In wenigen Minuten wird es dunkel sein.

Minute um Minute vergeht. Die niemand der Männer mehr eine Uhr besitzt, können sie die Zeit nur annähernd schätzen. Aber wenn Soldaten im Feuer liegen, werden auch Sekunden zur Ewigkeit.

Immer wieder springen Erdfontänen im und vor dem Wäldchen auf, Granaten schlagen ringsum krachend und berstend ein.

Plötzlich schreit einer der Männer auf.

„Mich hat es erwischt!“

„Wo?“

„Im – Rücken!“

Pfeifend arbeitet seine Lunge. Blut rinnt aus dem Mundwinkel und seine Augen werden unnatürlich groß.

Im Schein der krepierenden Granaten kann der Hauptmann die großen Schweißtropfen auf der Stirn des Soldaten erkennen. Seine Finger streichen behutsam über das Gesicht des jungen Landsers. Durch dessen Körper läuft ein Zittern, dann streckt er sich – und ist tot.

Allmählich ebbt das Feuer auf beiden Seiten ab. Mit bloßen Händen scharren die vier Fallschirmjäger eine flache Grube, betten ihren toten Kameraden hinein und decken ihn notdürftig mit Erde und Laub zu. Keiner von ihnen spricht ein Wort.

Erst als ihre traurige Arbeit getan ist, sagt Hauptmann Ottfried Busch leise: „Mag er in Frieden ruhen. Für uns aber geht es weiter."

In großem Bogen umgehen sie die amerikanischen Artilleriestellungen und nähern sich dann der Straße. Irgendwie scheint die Front wieder in Bewegung geraten zu sein, denn unaufhörlich rollen alliierte Truppen heran. Motorisierte Infanterie, Panzer, Artillerie und Brückenbaukolonnen schreiten voran.

Ruckartig bleibt Busch stehen und hebt die Hand.

„Horcht! War das nicht ein MG 42?"

„Mir kam es auch so vor!"

Alle lauschen sie angestrengt in die Umgebung – Stille.

„Da – da ist es wieder!"

„Dann steht unsere Front also noch! Los, vorwärts!"

Keuchend hasten sie weiter. Der ganze Himmel scheint jetzt im Norden zu brennen und der Kampflärm wird von Minute zu Minute lauter.

Auf einmal zischt es vom Himmel herunter und birst nach dumpfem Aufschlag grell auseinander.

„Granatwerfer!"

Sie rennen auseinander. Frische Granattrichter bieten ihnen ausreichend Deckung. Als die Einschläge weiterwandern, hetzen sie wieder los. Rings um sie wird es lebendig. Aus allen Trichtern quellen Gestalten hervor und laufen nach Norden. Sie sind mitten unter vorgehende amerikanische Infanterie geraten. Maschinengewehre rattern los, Leuchtspurketten ziehen gespenstisch durch die Dunkelheit und dann bellen die harten, unverkennbaren Abschüsse deutscher Flugabwehrgeschütze auf. Schwer atmend pressen sich die vier Männer in einen Trichter, um nicht vom Abwehrfeuer der eigenen Kameraden erwischt zu werden.

Doch dann durchschneidet Buschs Stimme den Kampflärm: „Los, hoch! Feuer frei!"

Die Stimme des Hauptmanns klingt dabei rau und fremd. Er und seine drei Gefährten werfen sich an den Südrand des Trichters und schießen, was ihre Waffen hergeben. Bis sie vom jähen Einschlag einer Granate geblendet und zurückgeworfen werden. Feurige Ringe tanzen vor den Augen des Hauptmanns und dann versinkt er in tiefschwarze Finsternis.

Major Ludwig, der mit den Resten zweier seiner Kompanien sowie mit einer Batterie 8,8 cm-Flak und Feldhaubitzen die Straße nach Taormina sperrt, lauscht in die Nacht hinein.

Die angreifenden Amerikaner sind wieder zurückgeschlagen worden, doch wie oft wird das den Deutschen noch gelingen? Eine lähmende Stille breitet sich nun über dem Gefechtsfeld aus.

Ludwig dreht sich um.

„Oberfeldwebel Spiecker!"

„Herr Major?"

„Nehmen Sie Ihren Zug und kämmen Sie das Gelände bis zur zerschossenen Baumgruppe ab. Sehen Sie mal nach, was dort noch los ist!"

„Jawohl, Herr Major!"

Der Zug Spiecker bewegt sich sichernd vorwärts. Vorsichtig springen die Soldaten von Trichter zu Trichter, bis Spiecker an einer Buschgruppe „Halt" befiehlt.

Plötzlich peitschen Schüsse auf.

„Rechts feuert jemand auf die liegengebliebenen Amerikaner!", raunt Oberjäger Schwarzenbach seinem Zugführer zu.

„Das können ja dann nur Kameraden von uns sein! Los, weiter!"

Die Männer springen vor und werfen sich links und rechts von dem großen Trichter, aus dem das Abwehrfeuer kam, wieder in Deckung.

Hauptmann Busch, der aus seiner Ohnmacht erwacht, dreht sich um. Sein Gesicht ist bleich und seine Augen flackern. Weiße und gelbe Sterne tanzen vor seinem Sichtfeld. *befiehlt.*

Plötzlich peitschen beff

„Hauptmann Busch?", fragt Spiecker vollkommen erstaunt, ist aber gleichzeitig angenehm überrascht.

„Ja, ich bin es!"

„Wo kommen Sie denn her, Herr Hauptmann?"

„Später, Spiecker, bringen Sie uns erstmal zurück!"

Die Stimme des Oberfeldwebels klingt über das Gefechtsvorfeld: „Gruppenweise zurückarbeiten!"

Nach einer halben Stunde steht Busch wieder vor seinem Bataillonskommandeur.

Mit brüchiger Stimme meldet er: „Hauptmann Busch, Leutnant von Rosenau, Oberjäger Mallmann und ein Mann zur Stelle!"

Ludwig packt den Hauptmann, der noch auf wackligen Beinen steht, an den Schultern.

„Mensch, Busch, sind Sie von den Toten auferstanden?"

„Es sieht beinahe so aus, Herr Major. Wir haben uns tagelang durchgeschlagen, gerieten in Gefangenschaft – aber nur vorübergehend und sind wieder getürmt."

„Berichten Sie, Busch!"

Also beginnt der Hauptmann mit anfangs zitternder und brüchiger Stimme, doch bald wieder mit festem Klang dem Major die letzten Tage zu beschreiben.

Der Bataillonskommandeur lächelt.

„Busch, gestern sind von Ihren Panzern sieben zurückgekommen. Die anderen allerdings wurden abgeschossen oder mussten von deren Besatzung gesprengt werden."

„Die Panzer sind zurückgekommen?"

Ungläubiges Staunen spiegelt sich im Gesicht des Hauptmanns wider.

„Ja, so ist es. Sie stehen weiter rückwärts hinter der Bodenwelle zum Gegenstoß bereit."

Wortlos setzt sich Busch auf einen kleinen Holzstuhl und schüttelt mit dem Kopf.

„Gehen Sie einfach im Straßengraben zurück und nehmen Sie Ihre Männer mit. Hinter den Panzern steht mein Kübelwagen. Der Steinhuber soll Sie erst einmal zurückbringen. Sie werden ja dringend Ruhe brauchen."

„Danke, Herr Major!"

Die vier Männer wanken davon und erreichen endlich den Wagen, der sie in rascher Fahrt zurückbringt.

Beim Rest des Trosses essen sie sich endlich wieder einmal richtig satt. Danach fallen sie in einen bleiernen Schlaf.

Viele Stunden später erwacht Busch wieder und blinzelt in das Licht der Sonne, das schräg hereinfällt. Dann sieht er Mallmann, der sich eben die Stiefel anzieht.

Er blickt auf einen Kalender, der schief an der Wand hängt und das Datum des 12. August zeigt.

„Stimmt das Datum?"

„Jawohl, Herr Hauptmann, es stimmt genau!"

Schnell zieht sich Busch an, leiht sich Waschzeug sowie einen Rasierapparat und richtet sich endlich wieder etwas her.

Dann kommt ihm letztlich ins Bewusstsein, dass die Front bereits ziemlich nahe sein muss, denn in ununterbrochener Folge sind die Abschüsse und Einschläge der Artillerie zu hören. Gegen Abend erscheint Major Ludwig in höchster Erregung.

„Wir müssen sofort abrücken! Der Gegner ist am Badestrand von Taormina durchgebrochen!"

„Auch das noch!"

„Ja, und Patton steht im Norden nur noch 50 Kilometer vor Messina!"

„Dann werden wir Sizilien wohl aufgeben müssen?"

„Ja, Busch, es hat keinen Sinn mehr, die Stellungen hier zu halten. Sonst werden wir hier abgeschnitten und geschnappt. General Hube hat zwar einen dichten Verteidigungsring um Messina aufgebaut, um uns aufzunehmen, aber wer weiß, wie lange er dem Druck der amerikanischen Truppen noch standhalten kann. Führen Sie den Tross daher so schnell wie möglich nach Messina zurück!"

„Jawohl, Herr Major!"

Ludwig verschwindet und Hauptmann Busch lässt die Trossfahrzeuge sammeln, um so schnell wie möglich abzurücken.

In weniger als einer halben Stunde sind die Fahrzeuge bereit und die Fahrt geht los.

Hauptmann Busch sitzt auf dem linken Kotflügel eines Opel Blitz 3-Tonners. Unablässig sucht er mit einem Fernglas den Himmel ab. Die Kolonne fährt wegen Jabo-Gefahr weit auseinandergezogen. Insgeheim wundert er sich, dass die feindlichen Jagdbomber sich noch nicht am Himmel gezeigt haben.

Vor ihnen taucht eine Ortschaft auf. Sie trägt den Namen Valenino. Pioniere sind gerade dabei, eine kleine Brücke im Südteil des Ortes zur Sprengung vorzubereiten. Ein bitterer Geschmack liegt dem Hauptmann auf der Zunge. Er fühlt deutlich, dass sich das Kriegsglück ein für allemal von den Deutschen abgewandt hat. Da helfen auch keine flammenden Aufrufe und Proklamationen der politischen Führer.

Seine Hände umklammern den Kühlerhaubengriff und er wird kräftig hin und her geschüttelt. Immer wieder müssen die Fahrzeuge Bombentrichter umfahren und nördlich von Valenino ist die Küstenstraße auf mehrere Kilometer von feindlicher Schiffsartillerie schwerster Kaliber regelrecht umgepflügt worden.

Gerade in diesem Augenblick erschallt der entsetzte Ruf: „Jabos!"

Der Lärm der Kraftwagenmotoren erstirbt beinahe augenblicklich. Fluchtartig verlassen die Fahrer und Beifahrer die Fahrzeuge und laufen querfeldein, um Deckung zu suchen. Auch Hauptmann Busch rennt von den Fahrzeugen weg, denn die Masse der LKW ist mit Benzin und Munition beladen. Er findet einen Granattrichter und springt hinein. Seine Augen beobachten die ankurvenden Jagdbomber. Jetzt drehen sie ein und stürzen sich mit jaulenden Motoren auf die wehrlosen Fahrzeuge.

Lärmend beginnen die Bord-MGs zu hämmern, berstend zerspringen Bomben mitten zwischen den Lastwagen. Mit aufheulenden Motoren ziehen die Feindflugzeuge wieder hoch, nur um sich dann erneut auf die Kolonne zu stürzen.

Der letzte Wagen, es ist ein Spritfahrzeug, platzt förmlich auseinander und das lichterloh brennende Benzin ergießt sich in den Straßengraben. Ehe es den Landsern, die dort Deckung gesucht haben, gelingt den Graben zu verlassen, werden sie schon von dem brennenden Kraftstoff erfasst. Als lebendige Fackeln laufen sie schreiend und wild mit den Armen fuchtelnd über das freie Feld. Ungeachtet der erneut anfliegenden Jabos springt Busch auf und reißt den ersten Mann zu Boden. Sofort wälzt er den Unglücklichen im Sand, um die Flammen zu ersticken. Dass er sich dabei selbst die Hände und das Gesicht verbrennt, merkt er in diesem Augenblick nicht. Zwischen diesem dramatischen Geschehen hämmern die Bordwaffen der Jagdbomber unaufhörlich und übertönen sogar die Schreie der Verwundeten und Verbrannten.

Als die Flugzeuge abdrehen, bleibt die Stille des Todes zurück, die nur durch das Prasseln der Flammen unterbrochen wird.

Die überlebenden und unverletzten Soldaten tragen ihre toten Kameraden zusammen. Hauptmann Busch wischt sich den Schweiß ab und schüttelt über das Bild des Schreckens, das die verwüstete Kolonne bietet, immer wieder den Kopf.

Es dauert eine volle Stunde, ehe die restlichen Fahrzeuge ihren Weg nach Messina fortsetzen können. Es zeigen sich zwar noch einmal Jagdbomber, die sich aber auf ein anderes Ziel stürzen. Wahrscheinlich halten sie dieses für lohnenswerter. Gegen Abend hält die Kolonne an einer Panzersperre vor Messina.

Ein Offizier der 15. Panzergrenadierdivision zusammen mit Soldaten der verschiedensten Waffengattungen hält die Sperre besetzt. Er kommt näher und legt die Hand zum Gruß an seine Feldmütze.

„Darf ich fragen, wohin es gehen soll, Herr Hauptmann?"

„Ich habe den Befehl, die Trosse eines Fallschirmjägerbataillons der Division *Hermann Göring* nach Messina zu bringen."

„Danke! Ich möchte Sie bitten, sich bei Herrn General Hube in der Kommandantur zu melden!"

Hauptmann Busch sieht die schweren Flugabwehrgeschütze, die links und rechts der Straße aufgebaut sind. Pioniere ziehen einen Panzergraben und Panzerjäger stehen mit ihren Geschützen direkt hinter der Panzersperre.

Messina selbst brennt an mehreren Stellen und die Flammen beleuchten gespenstisch die Straßen und Plätze der Stadt.

Prasselnd stürzen einige Häuser am Hafen in sich zusammen.

Busch meldet sich bei General Hube.

Der sieht ihn lange an, ehe er meint: „Sie sind also der Mann, der sich durch die Linien der Alliierten durchgekämpft hat? Major Ludwig hat mich bereits angerufen und informiert."

„Jawohl, Herr General!"

„Gut, für heute Nacht kann ich Ihnen etwas Ruhe gönnen. Morgen lasse ich Ihre Fahrzeuge über die Straße von Messina setzen. Doch pro Fahrzeug nur der Fahrer, mehr nicht. Mit den restlichen Männern halten Sie sich zu meiner Verfügung! Es ist durchaus möglich, dass der Gegner an irgendeiner Stelle durchbricht, ehe unsere letzten Einheiten die Stadt erreicht haben. Wir müssen Messina zumindest so lange halten, bis sich der letzte Mann und das letzte Gerät in den Mauern dieser Stadt befinden!"

„Jawohl, Herr General!"

„Dann bis morgen!"

Busch geht nachdenklich zurück in den Lagerschuppen, der ihm und seinen Männern als Unterkunft zur Verfügung gestellt wurde.

Schnell werden seine Männer über den morgigen Tag informiert. Danach versucht jeder der Landser zu schlafen.

Doch Busch findet keine ruhige Minute. Immer wieder wälzt er sich hin und her.

Schließlich steht er wieder auf.

Sizilien schläft, im Gegensatz zu ihm. Es ruht unter dem schwarzen Mantel der südländischen Nacht. Doch auch viele andere Soldaten finden wie Busch keinen Schlaf.

Vom Südrand Messinas aus marschieren die neuaufgestellten Kampfgruppen der 29. Grenadierdivision und der 15. Panzergrenadierdivision in neue Auffangstellungen. Auch die Männer der *Hermann Göring* Division sickern in ihre neuen Stellungen ein.

Busch und seine Männer gesellen sich zu ihnen.

„Ach, es ist doch alles umsonst. Wir sollten lieber umkehren und nach Hause gehen!", murrt einer der Männer.

„Und die Kameraden, die noch vorn stehen, ihrem ungewissen Schicksal überlassen, oder was?"

Es ist Hauptmann Busch, der die Worte gehört und entsprechend geantwortet hat.

Der Mann schweigt, beißt die Zähne zusammen und marschiert weiter.

Irgendwo im Süden lebt die Front wieder auf. Der Donner der Geschütze zerreißt die nächtliche Stille. Sie marschieren nach vorn, die Fallschirmjäger, Grenadiere, Panzerschützen und Pioniere.

Es sind zusammen gewürfelte Reste von Kompanien, Bataillonen und Regimentern. Busch bleibt am Straßenrand stehen. Hinter ihm steht Leutnant von Rosenau. Sie mustern die vorbeiziehenden Soldaten. Manche von ihnen tragen blutige Verbände.

Vorn stockt die Kolonne und der Hauptmann trifft auf einen Major der Flugabwehr. Dessen Gesicht unter seinem Stahlhelm wirkt grau und eingefallen.

„Gott sei Dank, dass Sie da sind", stößt er erschöpft hervor.

„Ich stehe mit meinen Geschützen hier allein auf weiter Flur. Wie viele Männer haben Sie mit?"

„Ich habe 120 Mann, Herr Major!"

„Ein Tropfen auf den heißen Stein! – Aber besser als nichts!"

Nach einer längeren Pause fügt er hinzu: „Ich habe hier fünf Geschütze. Es sind vier 8,8 cm-Geschütze und einen Vierling. Das sind die kläglichen Reste meiner Abteilung. Sie bringen Ihre Männer am besten zwischen den Geschützen in Stellung, nicht wahr?"

„Jawohl, Herr Major."

„Löcher sind keine vorhanden, lassen Sie also schleunigst eingraben. Ich habe meinen Gefechtsstand im ersten Haus links der Straße. Wenn Sie zu mir kommen wollen, gern. Ich habe noch Fernsprech- und Funkverbindung zu General Hube."

„Danke, Herr Major, das hat mir der Herr General ebenfalls empfohlen."

„Kommen Sie mit, ich zeige Ihnen meine Geschützstellungen."

Sie gehen los. Busch hatte von General Hube eine Alarmeinheit zugeteilt bekommen und diese in vier Züge zu je 30 Mann eingeteilt. Jetzt nimmt er die Zugführer mit, um sie einzuweisen. Es geht schnell und eine Viertelstunde später ist schon das Klirren und Kratzen der Feldspaten zu hören und die Männer schaffen sich damit eine notdürftige Deckung. Auch die Kanoniere der Flak werfen Erdwälle um ihre Geschütze auf. Trotz der kühlen Nacht schwitzen die Männer. Als der Morgen graut, sind die Stellungen fertig. Mit Zweigen und abgeschlagenen Büschen werden sie getarnt und die Flugabwehrgeschütze schussbereit eingerichtet.

Immer wieder passieren Fahrzeuge und Reste von zerschlagenen und zersprengten Einheiten die Panzersperre auf der nahen Straße. Sie werden sofort aufgefangen und in die Abwehrfront eingegliedert. Auch zwei schwere und eine leichte Feldhaubitze werden weiter hinten in Stellung gebracht. Dann blicken die Landser stumm auf die Straße, denn dort hält ein Lastkraftwagen mit weithin sichtbarer wehender Rote-Kreuz-Flagge. Busch tritt mit dem Flak-Major an den Wagen.

„Verwundete?", fragt der Major den Sanitätsunteroffizier, der hinter dem Steuer sitzt.

„Jawohl, Herr Major, Verwundete und auch Tote!"

„Fahren Sie zum Hafen, dort finden Sie ein Lazarett."

Schweigend machen die Soldaten dem Lastkraftwagen Platz. Die Rote-Kreuz-Flagge klatscht laut gegen das Fahrerhaus. Brummend setzt der LKW seine traurige Fahrt fort.

Im Süden wird der Geschützdonner lauter und der Strom der nach Norden ziehenden deutschen Soldaten immer dünner. Die Kanoniere arbeiten noch an der Tarnung ihrer Geschütze. Gegen Mittag kommt ein verstaubter Leutnant in völlig zerschlissener Uniform mit etwa 40 abgekämpften Soldaten an.

Lakonisch meldet er: „Wir sind die Letzten, Herr Major. Nach uns kommt nur noch der Ami!"

„Wo steht denn der Gegner?"

„Der stößt nur langsam und vorsichtig nach. Wir haben die letzte Brücke gut vermint. Wenn sie in die Luft geht, ist der Ami dort angelangt. Das sollte man bis hierher hören."

Kaum hat der Leutnant ausgesprochen, da dröhnt es im Süden zweimal laut auf. Der Explosionslärm schallt tatsächlich bis zu ihnen herüber.

„Das war dann wohl die Brücke", meint der Leutnant kurz.

„Und wie weit ist die Brücke von hier entfernt?"

„Etwa acht Kilometer, Herr Major."

„Danke, dann werden sie bald hier sein!"

Der Major dreht sich um und befiehlt einem Oberwachtmeister, der dicht hinter ihm steht: „Geben Sie sofort Alarm. Jeder ist ab sofort auf seinem Posten bei den Geschützen oder am Kommandogerät. Die Vierlingsflak übernimmt die Luftsicherung!"

Wie ein Lauffeuer durcheilt die Nachricht vom Anrücken des Gegners die ganze Stellung.

„Wenn wir bloß erst die Straße von Messina in unserem Rücken hätten", knurrt ein alter Obergefreiter, der schon in Russland dabei war, Frankreich und Afrika kennenlernte und jetzt an der Nordostspitze von Sizilien wieder in der Erde kauert.

Busch geht mit dem Major zum Gefechtsstand zurück. Dort rasselt der Feldfernsprecher.

„Major Kuhrt – Herr General? – Gerade wurde mir gemeldet, dass der Gegner nur noch acht Kilometer südlich Messinas steht. – Gewiss, Herr General – Ende!“

Nachdenklich legt Kuhrt den Hörer zurück und blickt Busch lange an.

„Was meint der General, Herr Major?“

„Verteidigung bis zur letzten Granate!“

„Also das alte Lied.“

„Ja, leider!“

Kuhrt steckt sich eine Zigarette zwischen die Lippen.

„Wir haben pro Geschütz noch etwa 50 Granaten. Ich werde von drei Geschützen je zehn Granaten abzweigen und sie dem vierten Geschütz zuführen lassen, das direkt neben der Panzersperre an der Straße steht. Wenn sich dann die anderen drei Geschütze verschossen haben, kann ich sie vielleicht noch zurückziehen und halte allein mit dem vierten Geschütz den Gegner so lange wie möglich auf. Dann habe ich wenigstens drei Kanonen gerettet. Ich baue im Übrigen sehr auf Ihre Unterstützung, Herr Busch.“

„Wir werden unser Möglichstes tun, Herr Major!“

Sie fahren herum, denn ein Schuss bellt auf und zerreißt die Stille.

Dann ist die Hölle los!

„Kommen Sie!“, stößt Major Kuhrt hervor und läuft hinaus zu seinen Geschützen.

Die Sherman-Panzer sind bereits mit bloßem Auge zu erkennen. Aus ihren Kanonen quillt weißer Rauch, gefolgt vom Dröhnen der Abschüsse.

Mit tödlicher Genauigkeit fegen die Granaten der schweren Flak in die Panzeransammlung, zerfetzen Kampfwagen und zwingen die Begleitinfanterie in Deckung. Die deutschen Maschinengewehre, teilweise flankierend eingegraben, hämmern aus gedeckten Stellungen in die begleitenden Lastwagenkolonnen hinter den Panzern und strecken so manchen amerikanischen Infanteristen nieder.

Doch dann sehen die Soldaten, dass der Gegner immer weitere Verbände nach vorn wirft. So weit sie sehen können, sind überall Panzer und vorgehende Infanterie zu erkennen. Die vier 8,8 cm-Geschütze bilden das Rückgrat der Verteidiger zu beiden Seiten der Straße. Kurz hintereinander verlassen die Granaten unter peitschenden Abschüssen die langen Rohre. Doch die schnelle Feuerfolge lässt mehr und mehr nach. Major Kuhrt hängt sich an das Telefon und fordert zum wiederholten Male dringend Munition an.

Der Feind erleidet hier an dieser Abwehrstellung schwere Verluste. Ein Sherman nach dem anderen platzt unter den Granaten der Flak auseinander oder bleibt als brennendes Wrack liegen. Die deutschen MG 34 oder MG 42 halten unter den feindlichen Infanteristen fürchterliche Ernte.

Plötzlich rollen zwei Zugmaschinen aus dem rückwärtigen Raum heran und bringen tatsächlich Munition. Sofort werden die Granaten zu den Geschützen geschleppt und diese können die Feuerrate wieder erhöhen.

Gewaltige Qualmwolken wogen über das Gefechtsfeld. Doch immer wieder schieben sich die unverkennbaren Silhouetten weiterer amerikanische Panzerkampfwagen aus den Rauchwänden hervor. Auch deren Kanonen schleudern Tod und Verderben in die deutschen Verteidigungslinien.

Hauptmann Busch liegt in einem Deckungsloch und schlägt gerade ein neues Magazin in seine MP 40. Er sieht eine Gruppe amerikanischer Infanteristen zwischen zwei Panzern geduckt herankommen. Sein Zeigefinger krümmt sich. Die Infanteristen stürzen, die Panzer halten ruckartig an.

Singend prallen die Querschläger der leichten Infanteriewaffen von den Panzerplatten der amerikanischen Kampfwagen ab. Nun beginnt auch der 2 cm-Flak-Vierling zu feuern. Seine Leuchtspurgarben fegen kniehoch über die Ebene, zerfetzen Panzerketten und setzen weiter im Hinterland Lastkraftwagen und Jeeps in Brand. Doch die Übermacht der Angreifer wird immer größer und erdrückender. Links und rechts von Hauptmann Busch liegen bereits zahlreiche Tote seiner Alarmeinheit. Auch an den Geschützen sind schon Verluste bei den Bedienungsmannschaften eingetreten. Immer mehr Panzergranaten detonieren inmitten der deutschen Stellung. Glühend heiß fegen die Bord-MGs der Sherman dicht über die Köpfe der Landser hinweg und surrende Splitter fallen in die Erdlöcher.

Neben dem Geschütz am Straßenrand schlägt es mit elementarer Wucht ein. Busch kneift die Augenlider zusammen. Er sieht zwei Männer zusammenbrechen. Ein dritter hält beide Hände vor sein Gesicht. Ein unmenschlicher Schrei kommt von seinen Lippen, ehe er zusammenbricht.

Major Kuhrt hetzt heran, schlägt den Verschluss der Kanone zu und zieht ab. Der weit vorgeprellte

Panzer, der seine Granate neben das Geschütz gesetzt hat, platzt auseinander.

Von rechts kommt Leutnant von Rosenau mit einem Mann angesprungen.

„Was ist?", schreit Busch gegen den Gefechtslärm.

„Zwei Volltreffer – mein Zug – wir sind die Letzten!", keucht der junge Leutnant.

„Und die 8,8 cm-Flak dort?"

„Auch ausgefallen!"

Die Augen des jungen Offiziers flackern, das Haar hängt ihm in wirren Strähnen unter dem Fallschirmjägerhelm hervor.

„Wir müssen zurück, Herr Hauptmann! Der Feind umgeht uns bereits an der rechten Flanke!"

„Verflucht nochmal!"

Busch sucht den Major und findet ihn letztendlich.

Sein Blick wird starr, denn der Flak-Kommandeur steht allein hinter dem Geschütz und schießt, als hätte er in seinem ganzen Leben nichts anderes getan.

Seine Uniform hängt ihm bereits in Fetzen herab. Seinen Stahlhelm hat er anscheinend längst verloren und sein Gesicht ist schwarz vom Geschossqualm. Einige Granaten schlagen dicht neben dem Geschütz ein, aber noch immer steht der Major und feuert unbeirrt weiter.

„Hinter uns!"

„Was?", Busch wirbelt herum und sieht, wie die anderen Geschütze mitten im Feuerwirbel aufprotzen.

Auf das Geschütz des Majors laufen nun drei, vier Kanoniere zu, um ihn zu unterstützen. Jeder trägt eine Granate mit sich. Kuhrt nickt ihnen kurz zu. Noch zweimal brüllt die 8,8 auf, dann stößt Kuhrt eine abgezogene Handgranate ins Rohr und schlägt den Verschluss zu. Aus der Mündung weht dünner Rauch.

Busch erhebt sich schnell und winkt.

„Hierher!"

Mit einigen gewaltigen Sprüngen erreicht der Major Buschs Deckungsloch, aber ehe er hineinspringen kann, erfasst ihn eine Maschinengewehrgarbe. Er dreht sich einmal um die eigene Achse und stürzt dann kopfüber in Buschs Loch.

Leutnant von Rosenau dreht den Major um.

„Tot?"

„Ja, Herr Hauptmann."

„Jetzt müssen wir zurück."

Busch springt auf und legt die Hände trichterförmig an den Mund. Sein Schrei hallt über die Stellung.

„Absetzen!"

Es sind nicht mehr viele Männer, die sich aus ihren Löchern erheben, um sich zurückzuziehen. Nach kurzer Zeit erreichen sie die ersten Häuser Messinas.

An der ersten Querstraße bekommen sie Feuer aus der Flanke. Einige Soldaten stürzen zu Boden, die anderen springen in eine Toreinfahrt. Die bereits weiter vorausfahrende Vierlingsflak macht kehrt und baut sich mitten auf der Straße auf. Einige Feuerstöße genügen, um die bereits eingedrungenen Amerikaner in Deckung zu zwingen. Hauptmann Busch winkt den Leuten zu, die noch jenseits der Querstraße stehen.

„Los – kommt!"

Sie springen heran und dann laufen sie weiter.

„Wohin?", fragt von Rosenau keuchend.

„Zum Hafen!"

Die kleine Rest-Kampfgruppe zieht sich durch die Straßen der sizilianischen Hafenstadt zurück. Busch geht mit dem letzten Geschütz zurück.

Am Straßenrand stehen einige Männer und mustern suchend die vorbeifahrende Truppe.

Busch winkt ihnen zu: „Suchen Sie uns?"

„Jawohl, Herr Hauptmann!"

„Was gibt es denn?"

„Sie müssen sich beeilen, von Norden drückt Patton bereits zum Stadtkern, Herr Hauptmann!"

„Na, prima. Hier kommt der Amerikaner auch schon nach!"

Hauptmann Busch schickt seinen letzten Kradmelder zur ersten Zugmaschine vor.

„Los, die sollen anhalten, wir sitzen auf, dann geht es schneller!"

Der Melder braust los, der Lärm der Zugmaschinen erstirbt. Die Landser hasten heran und klettern, schwer atmend, auf die 18-Tonner-Zugmaschinen.

Klirrend rasseln die Fahrzeuge weiter und zehn Minuten später halten sie am Kai an. Busch läuft zum General der Panzertruppe Hans-Valentin Hube, der als kommandierender General des XIV. Panzerkorps immer noch am Hafen ausharrt, obwohl er seine beiden Divisionskommandeure und seinen eigenen Führungsstab bereits über die Meerenge geschickt hat.

„Drückt der Gegner bereits stark nach, Busch?", fragt Hube den abgekämpften Hauptmann.

„Er wird wohl in einer halben Stunde das Hafengelände erreicht haben, Herr General!"

„Gut, dann sofort verladen! Eines der schweren Flugabwehrgeschütze bleibt zurück, um unseren Abzug zu decken. Für die Bedienung bleibt dann noch ein Schnellboot zurück."

„Ich bitte, mit einer Maschinengewehrgruppe ebenfalls hierbleiben zu dürfen, um dem Geschütz den notwendigen infanteristischen Schutz bieten zu können, Herr General!", meint Hauptmann Ottfried Busch entschlossen.

„Ich danke Ihnen für Ihren Einsatz, Hauptmann Busch. Auch ich habe die Absicht, Sizilien erst zu verlassen, wenn der letzte Soldat sicher übergesetzt ist."

Busch blickt den General erstaunt an, aber Hube winkt nur ab.

„Ich führe meine Männer nicht nur in guten Zeiten, sondern auch in den schlechten Tagen – mögen sie auch noch so schlecht sein, Busch!"

„Jawohl, Herr General", stammelt Busch verwirrt und geht danach zu seinen Männern.

„Hört mal her! Ich brauche 15 bis 20 Freiwillige!"

Eisiges Schweigen schlägt dem Hauptmann entgegen, aber er hatte auch keine Begeisterung von seinen Männern erwartet. Wer würde auch schon gern die greifbar nahe Sicherheit nochmals für ein Himmelfahrtskommando aufs Spiel setzen wollen.

„Eine schwere Flak bleibt hier stehen, um bis zuletzt das Übersetzen der restlichen Kameraden zu decken. Wir können die Kameraden der Flak nicht allein lassen. Sie ermöglichen erst die Rettung der anderen. Ein Schnellboot wird auf uns warten, um auch die letzten von uns sicher ans andere Ufer zu bringen. Ich werde bleiben, wer noch?"

Nun treten sie vor – mit blutdurchtränkten Verbänden, zerrissenen Uniformen und verdreckten Gesichtern. Busch hat jetzt keine Mühe mehr und sucht sich 15 Männer heraus.

Leutnant von Rosenau und der Oberjäger Mallmann melden sich ebenfalls.

Zuerst überlegt Busch die beiden altgedienten Kameraden abzulehnen, doch dann gleitet ein verschmitztes Lächeln über das dreck- und blutverkrustete Gesicht.

„Gut, danke", murmelt er.

In der Stadt rattern bereits mehrere Maschinengewehre. Schreie und laute Befehle klingen auf. Noch immer kommen einzelne versprengte Gruppen von Soldaten angehetzt.

General Hube wendet sich an den Chef des Stabes, Oberst von Bonin: „Lassen Sie den restlichen Sicherungsgürtel einziehen und setzen Sie jetzt selbst über, damit Sie drüben die Verbände unseres Korps wieder ordnen können."

Boot auf Boot unterschiedlichster Größe und Beschaffenheit legt ab und strebt mit höchstmöglicher Fahrt der jenseitigen rettenden Küste zu.

General Hube steht hinter dem letzten feuerbereiten Flugabwehrgeschütz. Busch baut mit seinen Männern aus Kisten, Kästen und Getreidesäcken eine halbkreisförmige Deckung. Er hat zwei MG 42 und ein MG 34 mit ausreichend Munition zurückbehalten. Mit Besorgnis sieht er auf die vielen Soldaten, die noch auf das Übersetzen warten.

Der General sieht das besorgte Gesicht des Hauptmanns.

„Wenn alle Schiffe noch einmal fahren, dann haben wir es geschafft, Busch."

„Wenn – Herr General!"

„Ja, genau – wenn!"

Ruckartig hebt der General nun den Kopf.

„Das sind doch Abschüsse!"

Und schon bricht es mit elementarer Gewalt über Stadt und Hafengelände von Messina herein.

Mit schwerster Artillerie feuert die amerikanische Artillerie in die von deutschen Truppen schon beinahe völlig verlassene Stadt. Die langen hölzernen Lagerschuppen fangen sofort an zu brennen. Auch die leeren Treibstoff- und Öltanks am Hafen, die voller Luft-Gas-Gemisch sind, explodieren in berstenden, ohrenbetäubenden Explosionen auseinander und verwandeln ihre Metallhaut in tödliche Splittergeschosse.

In einem unheilverkündenden Takt stimmen immer mehr Geschütze in dieses Höllenkonzert aus Tod und Vernichtung ein.

Die Soldaten pressen sich in die spärlichen Deckungen und hoffen, dass sie auch dieses Mal vom Vernichtungsfeuer verschont werden. Für viele von ihnen eine trügerische Hoffnung. Unendlich kommt den Landsern der Beschuss vor. Am Hafen geht das Einschiffen der ausharrenden Soldaten indes unbeirrt weiter.

Irgendwann beginnt jedoch auch die deutsche Artillerie von der gegenüberliegenden Seite zu feuern. Aus der Region Reggio di Calabria blitzt es immer wieder auf.

Hinter Busch legt eben eine Fähre mit den letzten Soldaten ab und tuckert langsam durch das schmutzig-graue Hafenwasser. Wenn diese Fähre zwei Drittel ihrer Fahrtstrecke zurückgelegt hat, können auch die letzten Männer ihr Schnellboot besteigen und sich in Sicherheit bringen.

Aber die Fähre kann nur sehr langsam fahren. Die Minuten dehnen sich zu Stunden. Mitten durch das tobende Artilleriefeuer sämtlicher Kaliber schiebt sich bereits die Spitze der 3. Amerikanischen Panzerdivision auf das Hafengelände vor.

„Panzer von rechts!", ertönt der Warnruf durch den Gefechtslärm.

Das lange Rohr der tödlichen 8,8 cm-Flak schwenkt ein. Scharf tönt der Abschuss der Granate und bereits diese sitzt genau. Das Geschoss durchschlägt auf dieser verhältnismäßig geringen Entfernung mühelos die Frontpanzerung des angreifenden Sherman. Sekunden später ist er nur noch ein brennendes Stück Metall. Doch dahinter schieben sich bereits die nächsten Stahlungetüme heran.

„Jetzt gilt es!"

Der Wachtmeister der Flak-Artillerie, der am Geschütz steht, ballt die Fäuste, als ob dies etwas helfen würde.

„Schneller!"

Schuss um Schuss jagt aus dem Rohr. Granate um Granate schlägt den angreifenden Amerikanern entgegen. Doch auch diese decken die deutschen Stellungen mit Granaten und Infanteriegeschossen ein.

An der Stelle, wo sich die Hafenstraße zur Strandpromenade erweitert, fliegt ein weiterer Sherman in die Luft. Gleich darauf platzt der nächste auseinander. Durch den erzeugten Splitterregen werden mehrere amerikanische Infanteristen niedergestreckt, einige winden sich blutend am Boden.

General Hube dreht sich immer wieder nach der letzten Fähre um, die verzweifelte Anstrengungen macht, um ihre Fahrt zu erhöhen. Dann bemerkt er, dass die Fähre bereits beschossen wird. Wasserfontänen umtanzen das breit gebaute Schiff.

„Mindestens 500 Mann an Bord. Die müssen einfach noch durchkommen", denkt sich Hube bei diesem Anblick.

Er blickt zum Wachtmeister hinüber, der neben seiner Kanone steht, korrigiert und Befehle brüllt.

Mit unheimlicher Gewalt zischt eine weitere Granate zwischen die feindlichen Panzer und Schützen-
panzerwagen, treibt sie vorerst wieder in die Seiten-
straße zurück.

„Eine Kanone und eine Handvoll Landser sind die
letzten Verteidiger Siziliens", geht es Busch in einem Anflug von Pathos durch den Kopf.

„Geschützfeuer einstellen – Fertigmachen zur
Sprengung!"

General Hubes Stimme schallt über die Straße. Die
Kanoniere legen die letzten Granaten direkt unter
das Geschütz. Der Wachtmeister nimmt eine vorbe-
reitete geballte Ladung und schiebt sie zwischen die
Granaten.

„Einbooten!"

Einzeln setzen sich die Soldaten ab, hasten die stei-
nerne Kaitreppe hinunter und springen auf das
Schnellboot, das nur noch von zwei Bootshaken gehalten wird. Busch zieht noch einmal den Kolben
des leichten MGs in die Schulter und schießt Dauer-
feuer über die Hafenstraße. Drüben, wo ein kleiner
Schuppen steht, gehen gerade Amerikaner in Stellung. Die Maschinengewehrgarbe erfasst sie und
wirbelt sie durcheinander.

„Zurück, Herr Hauptmann!", schreit Leutnant von Rosenau.

Busch nickt und fährt sich mit der Hand über die
Augen.

Auch Oberjäger Mallmann hetzt nun Richtung
Schnellboot.

Nun jagt Busch den letzten Gurt heraus, springt
auf, wirft sich das MG über die Schulter und rennt
zurück. An der Flak reißt der Wachtmeister gerade
die geballte Ladung ab und kommt mit langen Sätzen angesprintet. Doch bevor er das tief am Kai lie-

gende Boot erreicht hat, fliegt die Munition bereits in die Luft. Der Wachtmeister taumelt und wird zu Boden geschleudert. Der Rauch der Detonation wallt über den verletzten Soldaten.

„Ich hol ihn!"

Busch springt wieder die Treppe hinauf, erreicht den Wachtmeister, zerrt ihn hoch und läuft keuchend zurück. Matrosenhände nehmen ihm den Verwundeten ab. Als letzter springt General Hube in das bereits ablegende Schnellboot. Unter Feindfeuer und im Zickzack-Kurs versucht der Kommandant des Schnellbootes den Wasserfontänen des Feindfeuers zu entgehen. Mit den Bordgeschützen erwidert die Besatzung des Bootes so gut es geht das Feuer.

Schließlich jagt das deutsche S-Boot mit 37 Knoten der italienischen Küste zu.

Der Kampf um Sizilien ist beendet.

Ende

Ihre Zufriedenheit ist unser Ziel!

Liebe Leser, liebe Leserinnen,

hat Ihnen unser Buch gefallen? Haben Sie Anmerkungen für uns? Kritik? Bitte zögern Sie nicht, uns zu schreiben. Wir werden jede Nachricht persönlich lesen und beantworten.

Schreiben Sie uns: info@ek2-publishing.com

Wussten Sie schon, dass Sie uns dabei unterstützen können, deutsche Militärliteratur sichtbarer zu machen? Bitte nehmen Sie sich einen Moment Zeit und bewerten Sie dieses Buch online. Viele positive Rezensionen führen dazu, dass das Buch mehr Menschen angezeigt wird.

Sie können somit mit wenigen Minuten Zeitaufwand unserem kleinen Familienunternehmen einen großen Gefallen tun. Vielen Dank für Ihre Unterstützung!

PS: In seltenen Fällen kommt ein Buch beschädigt beim Kunden an. Bitte zögern Sie in diesem Fall nicht, uns zu kontaktieren. Selbstverständlich ersetzen wir Ihnen das Buch kostenlos.

Landser im Weltkrieg – **„Panzerkrieg im Frontbogen"** erscheint im Monat Februar als E-Book und Taschenbuch überall, wo es Bücher gibt!

Mit zittrigen Händen befestigte ich die Haftladung am Panzer. Der kalte Schweiß stand mir auf der Stirn, als ich zurückwich und die Zündschnur zog. Sekunden fühlten sich wie Stunden an, bevor die Explosion den Nachthimmel erhellte und einen ohrenbetäubenden Lärm verursachte.

Die übrigen T-34 wurden aufmerksam und hielten an. In der plötzlichen Stille konnte ich mein eigenes keuchendes Atmen hören. Doch Müllers Grinsen von der zerwühlten Stellung aus signalisierte, dass die Ablenkung gelungen war.

Die Truppe nutzte die Verwirrung, um sich aus der misslichen Lage zu befreien. Müller nickte mir anerkennend zu und ich schloss mich der Gruppe wieder an.

Die Straßen des kleinen Dorfes bebten unter dem dumpfen Grollen der heranrollenden Panzer. Ich duckte mich in den Schatten einer halb zerstörten Mauer und beobachtete, wie weitere Stahlkolosse in den Ort einmarschierten. Es war, als ob die Hölle selbst losgelassen worden war, aber wir hatten einen Plan.

Die Männer um mich herum waren regungslos, geduldig wartend, bis die Panzer sich tief genug ins Dorf gewagt hatten. Die Anspannung in der Luft war greifbar, als wir darauf hofften, dass die Feinde den Köder schluckten.

Müller warf mir einen kurzen Blick zu und ich verstand. Es war Zeit zu handeln.

Die Panzer fuhren langsam durch die engen Gassen, als wäre der Ort ein Spinnennetz, in das sie sich verfangen hatten.

Mein Puls beschleunigte sich, als ich mich leise bewegte und die Artillerieeinheit per Funk anforderte. Jede Sekunde fühlte sich wie eine Ewigkeit an, während die Männer um mich herum in Deckung blieben und auf den richtigen Moment warteten.

KEINE NEUERSCHEINUNG VERPASSEN UND GRATIS E-BOOK SICHERN!

Tragen Sie sich in den Newsletter von EK-2 Militär ein, um über aktuelle Angebote und Neuerscheinungen informiert zu werden und an exklusiven Leser-Aktionen teilzunehmen.

Als besonderes Dankeschön erhalten Sie <u>kostenlos</u> das E-Book »Die Weltenkrieg Saga« von Tom Zola. Enthalten sind alle drei Teile der Trilogie.

Link zum Newsletter:
https://ek2-publishing.aweb.page

Über unsere Homepage:
www.ek2-publishing.com

LANDSER IM WELTKRIEG
KAUFEN!

Direkt zur Serie:

Eine Veröffentlichung der EK-2 Publishing GmbH

Friedensstraße 12
47228 Duisburg
Registergericht: Duisburg
Handelsregisternummer: HRB 30321
Geschäftsführerin: Monika Münstermann

E-Mail: info@ek2-publishing.com
Homepage: www.ek2-publishing.com

Alle Rechte vorbehalten

Cover/Umschlag: Kayla Pelgrim
Autor: Hermann Weinhauer
Lektorat: Martina Wehr
Buchsatz: Heiko Piller

1. Auflage

Druckhinweis:

Libri Plureos GmbH

Friedensallee 273

22763 Hamburg